SPUREN DER GESCHICHTE

Michael Engler

SPUREN
DER GESCHICHTE
in Schleswig-Holstein

mit Texten von Claus Ahrens

WACHHOLTZ VERLAG

Abbildung auf dem Schutzumschlag:
„Friesengräber" – wikingerzeitliche Grabhügel vor dem großen
Bronzezeithügel „Esenhugh" bei Steenodde, Amrum

ISBN 3 529 05314 7

Karl Wachholtz Verlag, Neumünster
1993

Über dieses Buch

Spuren der Geschichte in der Landschaft, das ist Archäologie, die man erwandern kann. Natürlich ist dies nur ein Teil von Archäologie, den man aber unabhängig von Ausgrabungen, Museumsstudien oder dem Konsum mehr oder minder gelehrter Literatur erleben kann. Aber es ist der fundamentale Teil von Archäologie, denn ihr Anfang liegt immer in der Landschaft.

Spuren der Geschichte in den Landschaften Schleswig-Holsteins aufzufinden bedarf es des geschulten Auges. Sicher wird kaum jemand ein Großsteingrab aus mächtigen Findlingen übersehen, sofern es einigermaßen gut erhalten ist; aber einen kleinen, womöglich stark abgepflügten Grabhügel oder Wallrest oder ein mittelalterliches Ackersystem als Relikt aus der Vergangenheit zu erkennen, dafür braucht es schon ein bißchen Erfahrung. Wenn gar im Watt zwischen den Halligen eigenartige Strukturen zu sehen sind, ist schon etwas Hintergrundkenntnis vonnöten, um zu erkennen, daß es sich um Kulturspuren, alte Entwässerungsgräben oder Relikte mittelalterlicher Salzgewinnung handelt.

Das Auge zu schärfen und einiges an Hintergrund-Informationen mitzuteilen, hat sich dieses Buch zur Aufgabe gemacht. Wir meinen, daß dies ein wichtiges Anliegen ist, denn allzu oft werden die Spuren der Geschichte in der Landschaft vernichtet oder beschädigt, sei es aus wirtschaftlichen Zwängen oder einfach aus Unkenntnis oder Unachtsamkeit. Das kann natürlich nur verhindert werden, wenn man die Kenntnis von diesen Spuren, die im Fachjargon Bodendenkmale genannt werden, nach Kräften fördert.

Schleswig-Holstein gliedert sich der Länge nach in drei unterschiedliche Landschaftsbereiche, die Westküste mit den Inseln, dem Halligland und den Marschen, den Mittelrücken und das östliche Hügelland. Sie bestimmen die Gliederung dieses Buches.

Alle diese Landschaften befinden sich längst nicht mehr im Zustand der Zeit, in der sie entstanden sind. Nicht nur natürliche Prozesse, wie Abflachung des Geländereliefs durch Wind und Wetter, Einbrüche des Meeres, chemische Prozesse der Bodenbildung und die klimaabhängigen Entwicklungen der Vegetation, haben Veränderungen bewirkt, sondern in zunehmendem Maße auch die hier lebenden Menschen. Sie haben in ständig fortschreitendem Umfang die Naturlandschaft in eine Kulturlandschaft umgewandelt. Dieser Prozeß begann mit dem Übergang von einer rein aneignenden zur produzierenden Wirtschafts- und Lebensweise zunächst nur durch Feldbau und Viehhaltung in der jüngeren Steinzeit, später auch durch den sich entwickelnden industrieellen Lebensunterhalt. So begann der Mensch in seine Umwelt immer stärker einzugreifen, sie in zunehmendem Maße zu verändern und – in der jüngeren Vergangenheit und besonders heute – zu zerstören.

Bodendenkmale sind oft im Gelände kaum zu sehen und erst recht nicht zu fotografieren, weil sie sich nur sehr schwach von der Umgebung abheben. Da muß man gelegentlich warten, bis der Winter kommt und eine dünne Schneedecke über dem Land liegt und die Konturen besser hervorhebt, besonders wenn die Sonne tief am Himmel steht und blaue Schatten sich ausbreiten (S. 110 bis 111). Der Winter ist auch deswegen eine gute Zeit für Fotos, weil dann die entlaubten Bäume durchsichtig sind und den Blick freigeben.

Eine neue Methode, Bodendenkmale deutlicher als bisher zu fotografieren hat Michael Engler eigens für dieses Buch entwickelt: die Langzeit-Nachtaufnahme mit akzentuierender Beleuchtung des Objekts. Nachdem die Kamera geöffnet ist und von einem Assistenten bewacht wird, geht er selbst mit einer Handlampe an das Objekt heran und beleuchtet im Umhergehen das, was er im Foto hervorheben will, die Konturen und den Fuß eines Grabhügels oder Burgwalls (S. 115) oder die Steineinfassung eines Langbetts oder eines Kultplatzes (S. 99). Da er dabei ständig in Bewegung bleibt, erscheint er selbst nicht auf dem Foto. Gelegentlich ermöglicht er uns auch den Vergleich der Wirkung von Tag- und Nachtaufnahmen (S. 18 und 19 oder 142 und 143). Infolge der langen Belichtungszeit kann es vorkommen, daß bei klarem Himmel auch noch die Bewegung der Sterne im Bild erscheint (S. 136).

Abschließend sei allen Kollegen und Freunden in Schleswig-Holstein herzlich gedankt, auf deren Forschungsergebnissen sich die inhaltlichen Aussagen der nachfolgenden Darstellung gründen.

Gräber der Stein- und Bronzezeit

„Hünengräber" sind nicht nur die bekanntesten, sondern auch die ältesten in Schleswig-Holstein sichtbaren Spuren der Geschichte. Ursprünglich meinte dies Wort wohl nur die Grabbauten aus großen Findlingen, von denen man sich nicht vorstellen konnte, daß sie von normalen Menschen ohne Maschinenkraft zu bewegen waren. (Aus der Völkerkunde und durch „experimentelle Archäologie" wissen wir heute, daß dies sehr wohl möglich ist.) Die Erbauer mußten also bärenstarke Riesen, Hünen gewesen sein. Heute nennt der Volksmund „Hünengräber" auch größere Grabhügel ohne tonnenschwere Findlinge. Auf Landkarten findet man diese Bezeichnung des öfteren für Grabhügelgruppen.

In der jüngeren Steinzeit baute man Grabmonumente aus großen Findlingen, genannt Großsteingräber oder – wörtlich, aber gelehrt auf griechisch – Megalithgräber. Sie waren ursprünglich alle von einem künstlichen Hügel überdeckt. Da wir nicht wissen, wie das Volk sich nannte, das sie baute und nutzte, hat es sich eingebürgert, von „Megalithkultur" oder, nach charakteristischen Typen der zugehörigen Keramik, von „Trichterbecherkultur" zu sprechen.

Es gibt mehrere Formen megalithischer Grabkammern. Die ältesten sind die Dolmen, mit nur einem Deckstein über 4 Tragsteinen und ohne einen Eingang (S. 75). Als sich die Notwendigkeit ergab, weitere Bestattungen in der Kammer niederzulegen, nahm man für einen der Wandsteine an der Schmalseite einen kleineren Findling, so daß an dieser Stelle unter dem Deckstein eine Einstiegslücke frei blieb (bzw. im Hügel leicht freigelegt werden konnte – im Bild S. 75 nicht erkennbar, da an der Rückseite). Später wurden größere Dolmen gebaut, mit 5 oder 6 Tragsteinen, aber zumeist immer noch mit nur einem Deckstein. Der „Brutkamp" von Albersdorf (S. 54) gehört diesem Typ der erweiterten Dolmen an. Er hat sogar bereits einen Gang aus zwei Paar Steinen und leitet damit über zu der jüngeren Form des Grabmonuments, dem Ganggrab.

Ganggräber sind durch größere Kammern mit mehreren Decksteinen gekennzeichnet sowie einen seitlichen, findlingsgestützten Zugang vom Hügelrand her. Das wohl bekannteste und eines der besterhaltenen Ganggräber in Deutschland ist der „Denghoog" (Thinghügel) in Wenningstedt auf Sylt (S. 19 und 20). Von Süden her führt ein jederseits aus 6 Tragsteinen bestehender Gang in die große, ovale Kammer mit drei gewaltigen Decksteinen. Die Zwickel zwischen den Tragsteinen sind sorgfältig mit dünnen, aufeinander liegenden Steinplatten geschlossen. Als das Grab 1868 untersucht wurde, kamen dicht über dem Boden die Überreste von mehreren Bestatteten mit zahlreichen verzierten Tongefäßen und Steingeräten als Beigaben zum Vorschein.

Unabhängig vom Typ der Kammer ist die Form des sie überdeckenden Hügels, der heute zumeist ganz oder bis auf geringe Reste verschwunden ist. Da gibt es einfache Rundhügel mit oder ohne Begrenzung durch einen Kranz von Findlingen (S. 19 und 75) sowie „Langbetten", auch „Riesenbetten" genannt, in der Regel von hohen Findlingen eingerahmte, langrechteckige, dammähnliche Erdwerke, oft von beachtlicher Länge – bis um 120 m (S. 76 bis 77). Sie enthalten oft mehrere Grabkammern. Langbetten sind gelegentlich als nördliche Entsprechungen zu den kastenförmigen Mastaba-Gräbern im Aegypten der Pyramidenzeit angesehen worden.

Gegen Ende der jüngeren Steinzeit treten andere Grabhügel hinzu, meist kleiner und flacher, ohne Megalithgräber darin, sondern mit einfachen Erdbestattungen. Sie gehören der Einzelgrabkultur oder – nach typischen Gefäßen – der „Schnurkeramik" an. Für dieses Buch sind sie zum Fotografieren zu unscheinbar.

Für die ältere Bronzezeit sind größere Hügel charakteristisch. Sie enthalten eine oder mehrere Bestattungen in ausgehöhlten mächtigen Eichenstämmen, sogenannten Baumsärgen. Aus dieser Zeit stammen die größten Grabhügel hierzulande.

Nach dem Übergang zur Leichenverbrennung in der mittleren Bronzezeit setzte sich allmählich der Brauch durch, die sterblichen Überreste, im Fachjargon „Leichenbrand" genannt, in Urnen beizusetzen. Aus der jüngeren Bronzezeit kennen wir daher noch kleine, flache Hügel über solchen Brandgräbern, meist in Gruppen als Gräberfeld beieinander liegend. Mehr und mehr fehlen dann aber die Hügel, oder sie sind fast so klein geworden wie unsere Grabbeete heute und demzufolge längst verschwunden. Nur ganz selten sind sie noch als „Buckelgräber" erkennbar. Die Zeit der Urnenfriedhöfe hat begonnen, und sie wird über viele Jahrhunderte andauern, bis es in der Wikingerzeit wieder für eine kurze Zeit Grabhügel geben wird.

Beim Wechsel von der Grabhügelzeit zu den vielen Jahrhunderten der Urnenfriedhöfe hat sich offensichtlich – zumindest im Bestattungsbrauch – ein grundlegender Wandel vollzogen, den man vielleicht als eine Art „Demokratisierungsprozeß" bezeichnen kann: Während wir in den Urnenfriedhöfen offenbar die gesamte Population eines Dorfes oder einer Siedlungsgemeinschaft vorfinden, erscheint derartiges bei den aufwendigen Steingräbern und auch den großen älterbronzezeitlichen Hügeln ausgeschlossen. Diese können nur einer kleinen Schicht örtlich prominenter Personen vorbehalten gewesen sein. Wo das gemeine Volk nach dem Tode blieb, wissen wir nicht.

In ähnlicher Weise wie die Steingräber waren auch die Hügel der älteren Bronzezeit als weithin sichtbare und auffällige Monumente gedacht. Dazu wurden sie am Fuß durch einen Kranz aus Steinen von der Umgebung als gleichmäßig gewölbte Kuppen abgehoben (S. 57). Der Tote war zu ebener Erde in seinem Baumsarg beigesetzt worden. Dieser wurde durch eine Packung aus Feldsteinen abgestützt, die gelegentlich beträchtliche Ausmaße annehmen konnte. Den Hügel baute man gern aus Heidesoden auf, wohl um ihn dauerhafter als eine einfache Sandschüttung zu machen.

Es ist ziemlich selten, daß man nur eine Bestattung in einem Hügel findet. Oft wurden weitere Verstorbene nachbestattet, wobei auch der Hügel gelegentlich vergrößert wurde. Manche Hügel scheinen demnach eine Art Familiengrabstätte gewesen zu sein. An den Skelettresten aus einem Hügel bei Schönningstedt in Stormarn konnte nachgewiesen werden, daß zwei nacheinander bestattete Männer direkt miteinander verwandt waren.

Ein bemerkenswerter Ausgrabungsbefund ergab sich bei der Untersuchung eines besonders großen Grabhügels von über 30 m Durchmesser in Grünhof-Tesperhude. Neben drei gewöhnlichen Baumsargbestattungen wurden die Reste eines „Totenhauses" aus der Zeit um 1000 vor Christi Geburt freigelegt (S. 61), die an Ort und Stelle belassen und zu besichtigen sind. In einer großen, rechteckigen Steinpackung sind die Löcher für je 5 Pfosten an den Längsseiten des Totenhauses plus je einem in den Giebelseiten ausgespart. Mitten darin befinden sich die Steinpackungen eines großen und daneben eines kleinen Baumsarges mit den halb verbrannten Knochenresten einer Frau und eines Kleinkindes. Nach der Beisetzung, bei der vielleicht eine Zurschaustellung der Toten stattfand, wurde das Gebäude abgebrannt und über den Brandresten der Hügel aufgetragen. Übrigens berichtet eine örtliche Sage, daß in dem Hügel vor langer Zeit ein Feuer gebrannt habe und ein Scheiterhaufen in ihm läge. – Eigenartigerweise gibt es mehrfach über große Grabhügel Sagenüberlieferungen, die sich bei der Ausgrabung nach etwa 3000 Jahren mehr oder weniger bestätigt gefunden haben.

Grabhügel liegen selten allein, sondern in aller Regel in Gruppen mehr oder weniger eng beieinander. Bevorzugte Lagen für solche Nekropolen sind prominente, weithin sichtbare Stellen im Gelände. Auch entlang alter Wegestrecken findet man sie aufgereiht, wodurch uns ein Indiz für das Alter solcher Verkehrsverbindungen an die Hand gegeben wird.

Von besonderem Interesse ist auch die Tatsache, daß viele Nekropolen nicht nur Grabhügel aus der älteren Bronzezeit enthalten, sondern daß am gleichen Platz bereits in der jüngeren Steinzeit ein oder mehrere Megalithgräber gebaut worden waren, und daß außerdem noch kleine Hügel über Urnengräbern der jüngeren Bronzezeit die Nekropole vergrößern, wenn sich nicht gar noch ein eisenzeitlicher Urnenfriedhof anschließt. Natürlich sind solche Begräbnisfolgen über längere Zeiten nur selten vollständig im Gelände erhalten (oder als solche erkennbar). Sie regen aber an, darüber nachzudenken, ob die Kontinuität der Bestattungen etwa auf einer gleich langen Fortdauer der zugehörigen Siedlung beruhen könnte. Da Siedlungen schwer zu finden sind und nur selten über eine längere Zeit verfolgt werden können, sagen die Plätze der Toten, so paradox dies auch erscheinen mag, mehr über eine Bevölkerungsgruppe und ihre Geschichte aus als die Stätten der Lebenden.

Eisenzeitliches Wohnen und Wirken

Aus dem guten halben Jahrtausend vor Christi Geburt und dem halben Jahrtausend danach haben sich verhältnismäßig wenige Spuren menschlichen Wirkens sichtbar in der Landschaft erhalten. Die Zeit der Grabhügel ist fürs erste vorbei. Die Begräbnisstätten, ausgedehnte Urnenfriedhöfe, liegen versteckt unter Wäldern und Äckern und werden meist zufällig bei Erdarbeiten gefunden. Und Burgen sind in der Eisenzeit, im Gegensatz zum frühen Mittelalter, außerordentlich selten. Und was schließlich die längst verfallenen und eingeebneten Siedlungsplätze betrifft: auch ihre geringen Reste sind nur dem professionellen Archäologen per Ausgrabung zugänglich. – Das gilt jedenfalls für den größten Teil des Landes. Es gibt aber Ausnahmen in den Landschaften der Westküste.

Als es möglich wurde, die Marschengebiete wirtschaftlich zu nutzen und sich dort auch anzusiedeln, das heißt, nachdem der Wendepflug für die schweren Böden zur Verfügung stand, und nachdem dies Land selber, jedenfalls in bestimmten Teilen, begehbar geworden war, zog es die eisenzeitlichen Bauern auch zu diesen fruchtbaren Böden. Am Anfang siedelte man auf den „hohen Ufern". Dort wo bei jeder Überschwemmung in Flußnähe die meisten Sinkstoffe abgelagert worden waren, konnte man vor extremem Hochwasser einigermaßen sicher sein.

Als aber im Laufe der Zeit die Flut immer höher stieg und die Siedlungsplätze öfter überschwemmt wurden, stand man vor der Alternative, aufzugeben oder den Wohnplatz höher zu legen. Auf diese Weise entstanden die ersten Warften durch Auftragen von Kleiboden, aber auch durch liegengebliebenen Stallmist und die Reste der relativ schnell verfallenden Häuser. Im Laufe der ersten Jahrhunderte nach Christi Geburt wuchsen die Warften um einige Meter in die Höhe, bis viele von ihnen im 5. und 6. Jahrhundert aufgegeben wurden, als die große, massenhafte Überwanderung der Angeln, Sachsen und Jüten nach England einsetzte.

Von diesen eisenzeitlichen Warften wurde diejenige zu Tofting bei Oldenswort in Eiderstedt (S. 48) archäologisch untersucht. Dabei konnten die übereinander liegenden Siedlungshorizonte klar erfaßt und außerdem festgestellt werden, daß auf der etwa 5 ha großen Warft ein ganzes Dorf Platz hatte. Die Schichtenfolge, also das phasenweise Aufwachsen und die Größe sind auch die Hauptmerkmale, in denen sich die eisenzeitlichen Warften von denen des Mittelalters und der Neuzeit unterscheiden, wie sie in den Marschen und auf den Halligen in großer Zahl zu finden sind. Diese wurden zumeist in einem Arbeitsgang aufgeschüttet und bedecken viel kleinere Flächen. Oft tragen sie nur ein Gehöft oder höchstens eine kleine Gruppe von solchen.

Warftähnliche Wohnhügel sollte man eigentlich außerhalb der Marsch nicht erwarten. Dennoch kommen sie auch auf Geestuntergrund vor, wenn auch nur an ganz wenigen Stellen und in unmittelbarer Nähe der Marsch. Im Umkreis von Archsum auf Sylt gibt es zahlreiche flache Erhebungen, die dem kundigen Auge als nicht natürlich, also von Menschenhand geschaffen erkennbar sind. Eine von ihnen ist der „Firstklent" (S. 34).

Nachdem man durch Oberflächenfunde und kleinere Aufschlußgrabungen wußte, daß es sich bei diesen Bodenerhebungen um Wohnhügel handelt, in denen Spuren eisenzeitlicher Siedlungen zu finden sind, wurde einer von ihnen, der „Melenknop" (Mühlenhügel), vollständig ausgegraben. Dabei fand sich eine Siedlungsschicht über der anderen. Insofern ähneln diese Wohnhügel den Dorfwarften in den Marschen. Die Archsumer Geest liegt nur wenig über dem normalen Hochwasserniveau. Daher ist es möglich, daß der allmähliche Aufbau des Wohnhügels durch Lagen von Kleiboden ebenso wie dort den Zweck verfolgte, bei Sturm-und Springfluten oberhalb des Gefahrenbereichs zu wohnen.

Der Beginn der Wohnhügel, die erste Aufhöhung des natürlichen Untergrundes hatte allerdings einen ganz anderen Grund. Um den Ackerboden zu verbessern, wurde bereits in der Zeit vor Christi Geburt in mühsamer Arbeit Humusboden aufgetragen, über einen halben Meter hoch. Wenn der Boden dann erschöpft war, siedelten sich auch die Bauern selbst auf Teilen dieser trockenen, flachen Anhöhen an. Erst danach wandelten sich einige von ihnen in mehr oder weniger reine Wohnhügel um. Diese Siedlungsweise auf Geestgrund ist um Archsum herum besonders intensiv betrieben worden. Sonst ist sie sehr selten. Es gibt sie noch auf Föhr und im nördlichen Teil der dänischen Westküste.

Aus der Eisenzeit kennen wir auch die ältesten Hinweise auf den Beginn einer Frühform der industriellen Entwicklung im Lande, der Gewinnung und der Verarbeitung von Eisen. Dies Metall wurde noch durch das Mittelalter hindurch aus dem im Lande selbst anstehenden Raseneisenerz (S. 64) in Rennfeueröfen ausgeschmolzen. Haufen von Eisenschlacken, die man an vielen Stellen noch finden kann (S. 97), zeugen davon.

Es ist nahezu unmöglich, ohne direkte schriftliche Überlieferung näheres über die religiösen Vorstellungen und Rituale aus der Zeit vor der Einführung des Christentums zu erfahren. Gewiß ist, daß die Abhängigkeit von der Natur, die traditionelle Lebensweise, geistige und seelische Faktoren, sprich die allgemeine Mentalität der Völker immer die Glaubensinhalte und die Rituale wesentlich mitbestimmt haben, übrigens auch im Christentum in seinen unterschiedlichen historischen und regionalen Erscheinungsformen.

Über Religion und Kult der eisenzeitlichen Bauern wissen wir nur wenig, und das auch nur aus zweiter Hand. Auch Tacitus konnte nur vom Hörensagen berichten. Um so schwieriger und problematischer ist es, mit Hilfe der Archäologie näheres herauszufinden. Hier und dort gibt es aber Spuren im Gelände, die – wenn die Vermutungen über den ursprünglichen Sinn der Befunde zutreffen – einige wenige Schlaglicher auf rituelles Verhalten werfen, oder vorsichtiger: die uns Plätze oder Anlagen zeigen, wo Kultisches geschehen sein mag.

Am sichersten wird man sich bei der Interpretation von Opferplätzen fühlen dürfen. Opfergaben sind kaum anders als religiös motiviert zu sehen, seien es die geopferten Rentiere an späteiszeitlichen Lagerplätzen (S. 72), oder seien es die reichen eisenzeitlichen Opferfunde aus dem kleinen Thorsberger Moor in Süderbrarup in Angeln (S. 98). Daß hier ein bedeutender Ort, wohl nicht nur im rituellen Sinne, lag, zeigen sowohl die auserlesenen Opfergaben römischer Herkunft, seien sie durch Handel oder als Kriegsbeute hierher gelangt, als auch Bestattungen offensichtlich prominenter Personengruppen sowie eine heilige Quelle nahe dem Moor, aus der man noch im Mittelalter das Weihwasser schöpfte.

Neben Opferplätzen, von denen es viele im Lande gibt, nur nicht so reich wie das Thorsberger Moor, erhebt sich der Verdacht, daß Kultisches im Spiel sein könnte auch, wenn an einem abgelegenen Ort merkwürdige Steinsetzungen entdeckt werden. So geschehen in der „Roten Maaß" bei Damp in Schwansen (S. 99). Ein Kreis aus 9 großen Findlingen mit Spuren eines verbrannten Gebäudes darin und daneben einige teils recht komplizierte viereckige Setzungen aus kleineren Steinen, einmal mit den Verfärbungen von zwei kleinen Pfostenkreisen darin, lassen sich kaum anders als im Zusammenhang mit religiösen Vorstellungen und Handlungen deuten, zumal dort nachträglich auch Menschen in Urnen bestattet wurden, nicht viele, aber nach Geschlechtern getrennt, die Männer innerhalb, die Frauen außerhalb des großen Steinkreises.

Eine ganz andere Art vermutlich kultischer Anlagen ist erst kürzlich als solche erkannt worden, kreisförmige Wälle, die einige auffällige Eigentümlichkeiten aufweisen: eine niedrige Umwallung, die gewiß für eine Verteidigung völlig unzureichend gewesen wäre, leichte Hütten darin, die im Gegensatz zu den soliden Wohnhäusern der Zeit kaum den herrschenden Witterungsverhältnissen angepaßt waren, Herdstellen, auf denen nie ein Feuer gebrannt hat, und noch manches andere. Waren es „Geisterdörfer", eingehegte Plätze, an denen Gottheiten wohnten? Ausgrabungen an der „Archsumburg" im Osten von Sylt ergaben derartige, für einen praktischen Nutzen kaum vorstellbare Befunde. Es spricht einiges dafür, daß auch der niedrige Wall aus der Zeit um Christi Geburt, der sich unter dem heute sichtbaren, jüngeren Ringwall der Tinnumburg (S. 30 bis 31) bei Westerland verbirgt, als ein solcher geheiligter Ort anzusehen ist.

All dies sind Vermutungen, Theorien, Hypothesen. Unsere Unkenntnis über Religion und Kult hat schon der erste Historiker von Sylt, Kielholt, übrigens auch mit einem Blick auf die Tinnumburg, im 15. Jahrhundert treffend in Worte gefaßt: „In alten Zeiten gab es hier heidnische Völker, die einen so seltsamen Glauben hatten, daß man darüber gar nicht alles erzählen kann."

Sächsischer Westen

In der Völkerwanderungszeit waren große Teile der germanischen Bevölkerung Schleswig-Holsteins nach Süden oder mit den Angeln und Sachsen nach England abgewandert. Das Land blieb nach diesem Aderlaß für Jahrhunderte noch so dünn besiedelt, daß im Osten und Süden Slawen und im Nordwesten Friesen einwandern konnten. Als sich die sächsische Bevölkerung einigermaßen wieder erholt hatte – in historischen Quellen ist nun von Nordleuten oder Nordalbingiern die Rede – erschien es erforderlich, sich gegen die slawischen Expansionsgelüste abzusichern. Gefahr drohte aber auch von Westen her durch die Franken Karls des Großen im Zuge des dreißigjährigen Sachsenkrieges und bald danach auch von den dänischen Wikingern.

Um dem entgegenzuwirken und auch aus anderen Gründen wurde ein System von Burgen errichtet. Daß die Befürchtung slawischer Übergriffe nicht unbegründet war, zeigte sich 798, als ein Heer der Abodriten die Nordalbingier auf dem Sventanafeld bei Bornhöved besiegen konnte. Vier Jahre später kamen die Franken ins Land, und im Jahre 804 überließ Karl der Große den mit ihm verbündeten Slawen ganz Nordalbingien. Dieser Zustand blieb allerdings kaum lange erhalten, wenn es denn überhaupt eine nennenswerte slawische Herrschaft über die Sachsen gab. Schon 810 griff Karl der Große wieder in Nordalbingien ein und ließ zum Schutze des Reiches gegen die Dänen eine Befestigung auf dem Esesfelth an der Stör bei Itzehoe errichten. Nordalbingien war Teil des Frankenreiches geworden, und die Grenze zu den Slawen im Osten scheint sich konsolidiert zu haben. Im 11. Jahrhundert wird sie von Adam von Bremen als „Limes Saxoniae" beschrieben (S. 100).

Die Burgen sind die eindrucksvollsten Spuren der Geschichte dieser Zeit, nicht nur in Schleswig-Holstein. Allgemein ist ein starker Aufschwung des Burgenbaus an der Schwelle des Mittelalters zu verzeichnen, ohne Zweifel ein Zeichen für bestehende Machtstrukturen und die Gefahren, gegen die es sich zu schützen galt. Burgen aus vor- und frühgeschichtlicher Zeit haben hierzulande die Form eines annähernd kreisförmigen Walles, der natürlich nur eine Art Ruine von einem ursprünglich viel höheren und steileren Befestigungswerk ist.

Lage und Bauweise sowie das Innenleben der Burgen vermögen Einblicke vielerlei Art zu geben, nicht nur zu den militärisch-politischen Konstellationen. Die sächsischen Burgen in Holstein entstanden in der kurzen Zeitspanne vom Ende des 8. bis zum Beginn des 9. Jahrhunderts. Spätestens im 10. Jahrhundert war ihre Zeit vorbei. Die Kaaksburg bei Schenefeld mag der Hauptort des Holstengaus gewesen sein, der zusammen mit den Gauen Dithmarschen und Stormarn das nordelbische Stammesgebiet der Sachsen bildete. Die übrigen Burgen liegen eher peripher sowohl im Osten wie im Westen des sächsischen Gebietes. Ihre Position an wichtigen Verkehrswegen macht ihre Funktion deutlich und unterscheidet sie von der Versteckalge der gleichzeitigen Burgen im Slawengebiet.

Die sächsischen Burgen dieser Zeit sind im wesentlichen aus Gras- und Heidesoden unter wenig Verwendung von Holz gebaut worden. Sie waren von einem Graben umgeben und trugen auf der Wallkrone sicherlich eine Art Wehrgang.

Besonders deutlich wird die Aufgabe der Sachsenburgen am Beispiel der Stellerburg bei Weddingstedt in Norderdithmarschen (S. 48). Sie liegt auf einer kleinen Geestinsel am Rande der Marsch. Hier führte der westliche Heerweg von der Kaaksburg über Breitenfelde und Albersdorf quer durch Dithmarschen durch ein Tor in die Stellerburg hinein und durch das andere wieder hinaus. Von hier aus verlief der Weg weiter auf dem schmalen, trockenen Sandrücken der Lundener Nehrung durch die feuchte Marsch fast bis zur Eider. Die Burg sperrte somit den Zugang von Norden und von See her nach Dithmarschen und schützte damit auch die südlicheren Teile des Sachsenlandes.

An der östlichen Grenze des Holstengaus liegt an einer Furt über die Stör die von teilweise noch 6 - 7 m hohen Wällen umgebene Burg von Willenscharen (S. 66) an der Hauptstrecke des nordsüdlich verlaufenden Ochsenweges (S. 94), der an dieser Stelle von einem westöstlichen, der Stör folgenden Weg gekreuzt wird, welcher weiter in das Slawengebiet führte. Außerdem scheint die Burg Willenscharen zusammen mit denjenigen von Hitzhusen, Wittorf, Einfeld und Borgdorf zu einem Schutzsystem am Limes Saxoniae, der Slawengrenze (S. 100), zu gehören.

Nordfriesland

Seit dem 7. und 8. Jahrhundert und bis ins hohe Mittelalter hinein wanderten Friesen aus dem Gebiet zwischen Weser- und Rheinmündung in die Landschaften der Westküste ein. Zuerst besiedelten sie Eiderstedt und die Geestkerne der Inseln Sylt, Amrum und Föhr. Vermutlich lebten sie dort mit den nach der Abwanderung nach England zurückgebliebenen Resten der eisenzeitlichen Bevölkerung zusammen. Erst später, wahrscheinlich um 1100, wurden auch die „Uthlande", die weiten Marschflächen zwischen dem Geestrand und dem Meer, in Form einer Kolonisation durch großflächig angelegte Systeme von Entwässerungsgräben nach und nach nutzbar gemacht. Dafür sprechen die geradlinigen und regelmäßigen Kulturspuren, die mancherorts in den vom Meer in Watten zurückverwandelten ehemaligen Marschflächen im Gebiet der Halligen zu sehen sind (S. 42 bis 46). Erst in einer dritten Siedlungsphase wurde von den Uthlanden aus der festländische Geestrand friesisch besiedelt. Auch dort gab es wohl eine einheimische Restbevölkerung neben neu zugewanderten Jüten.

Es liegt an den fast gegensätzlichen Eigenarten und Veränderungen der unterschiedlichen friesischen Siedlungsräume, daß das Leben und Wirken auf den Geestinseln und in den Uthlanden völlig verschieden verlief und dementsprechend auch ganz andersartige Spuren hinterlassen hat. Man vergleiche zum Beispiel die frühmittelalterlichen (S. 30 bis 37) mit den jüngeren Bodendenkmalen (S. 40 bis 45).

Ähnlich wie auf der festländischen Geest sind es auch auf den insularen Geestkernen vor allem oberirdische Grabmonumente und Befestigungen, welche die Zeit sichtbar überdauert haben, während die Siedlungen und die Spuren der Arbeit hier dem Auge weitgehend verborgen bleiben.

Wie bei den Sachsen herrschte auch bei den Friesen der Brauch, Angehörige der wohlhabenden und dominanten Familien (die wir der Einfachheit halber, aber wohl kaum im heutigen Sinne zutreffend, gern als „Adel" bezeichnen) unter gruppenweise beieinanderliegenden Grabhügeln zu bestatten. Eine solche Nekropole liegt zu Füßen des sehr großen bronzezeitlichen Grabhügels „Esenhugh" auf Amrum, ein Beieinander, das gewiß nicht zufällig ist (S. 33).

Die frühmittelalterliche Grabhügelgruppe der „Monklemberge" auf Föhr (S. 34) scheint ihren prominenten Charakter noch auf eine andere Art zu unterstreichen. Diese nur aus wenigen Hügeln bestehende Nekropole fällt aus der Masse der gleichzeitigen Hügelgruppen heraus, weil sie von einem Wall mit Graben umgeben ist, was nicht nur ihre Geschlossenheit betont, sondern vor allem wohl die besondere Stellung der hier Bestatteten hervorheben soll. Dies legt auch der Vergleich mit den ganz seltenen vergleichbaren Befunden im sächsischen Gebiet nahe, dem „Kringberg" bei Pöschendorf unweit der Kaaksburg, dem vermutlichen Hauptort des Holstengaus, und der Gruppe „Karkhof" bei Immenstedt.

Ähnlich wie in den sächsischen Gauen war es offenbar auch bei den Nordfriesen erforderlich, zur Verteidigung Burgen zu bauen. Besonders imposant ist noch heute die auf einer in die Marsch vorspringenden Geestzunge erbaute Tinnumburg auf Sylt (S. 30 bis 31) mit ihrem über 7 m hoch aufragenden Wall. Ursprünglich in der Zeit um Christi Geburt offenbar als Kultplatz angelegt, wurde sie im 9. bis 10. Jahrhundert zu einer starken Befestigung ausgebaut.

In der gleichen Zeit entstand auf Föhr die Lembecksburg (S. 36 bis 37). Auch sie liegt am Rande des Geestkerns der Insel nördlich von Borgsum als mächtiger Ringwall, dessen Errichtung man früher dem Ritter Klaus Lembeck zuschrieb. Vor dem Tor, das nach Süden auf die Geest führt, gab es einen bogenförmigen Vorwall, der noch schwach zu erkennen ist. Ausgrabungen haben gezeigt, daß an der Innenseite des Walles Häuser mit Wänden aus Grassoden standen. Vielleicht diente die Burg den Friesen als Schutz gegen Überfälle der Wikinger. Es ist natürlich durchaus möglich, daß der Ringwall später wieder genutzt worden ist. Jedenfalls ist überliefert, daß der Ritter Klaus Lembeck 1362 von König Waldemar Atterdag mit den drei Inseln Sylt, Amrum und Föhr belehnt wurde. In seinem Übermut und Trotz schaffte er sich Feinde an allen Seiten. Als er gar dem König den Lehnseid verweigerte und Waldemar 1374 mit einem Heer gegen ihn zog, soll er sich in der Burg verschanzt haben. Nach längerer Belagerung gelang ihm die Flucht, kurz bevor die später nach ihm benannte Burg dem König übergeben werden mußte.

Slawen im Osten

In der Völkerwanderungszeit waren große Teile der einheimischen Bevölkerung ausgewandert. In ihre Gebiete wanderten seit dem 7. Jahrhundert von Osten her Slawen ein und nahmen den Osten und Süden Schleswig-Holsteins in Besitz. Diese fremdsprachliche und auch expansionsfreudige Bevölkerung entwickelte sich später zu einer Bedrohung für die westlich angrenzenden Sachsen.

Zunächst aber bestanden offenbar nur kleine Stammesgruppen mit jeweils einer Burg als Mittelpunkt. Später erst entstanden starke Machtblöcke mit den Zentren Oldenburg in Wagrien, Ratzeburg für die Polaben und später Alt-Lübeck.

Im Jahre 798 konnte ein Heer der Abodriten die nordalbingischen Sachsen auf dem „Sventanafeld" bei Bornhöved schlagen. Mit diesem Datum erscheinen die Slawen – in den fränkischen Reichsannalen – erstmals in der historischen Überlieferung. Im Jahre 804 übertrug Karl der Große den mit ihm damals verbündeten Abodriten zeitweilig die Oberherrschaft über die besiegten nordalbingischen Sachsen. Aber schon bald danach erwies es sich als erforderlich, auch infolge der beginnenden dänischen Invasion, daß die Franken die Sicherung Nordalbingiens wieder selbst übernahmen.

In dieser Situation und um slawischen Übergriffen gegenüber gerüstet zu sein, wurde offenbar mit dem „Limes Saxoniae" (S. 100) eine dauerhafte Grenze geschaffen. Diese wurde erst im hohen Mittelalter von der deutschen Ostkolonisation überschritten und damit bedeutungslos gemacht.

Die Burgen im Slawengebiet liegen meistens in feuchten Niederungen, auf Halbinseln oder Inseln in den Seen, womöglich auf einer kleinen, trockenen Geestkuppe. Ganz extrem ist diese Schutzlage bei der „Olsborg" auf einer Insel vor Plön ausgebildet (S. 102), die nur über eine lange Brücke zu erreichen war. Der Zweck dieser Burgen war eben ein anderer als in den westlichen Gebieten. Sie waren geschützte Mittelpunkte der untereinander konkurrierenden Herrschaftsbereiche. Auch in der Konstruktion unterscheiden sie sich von jenen. Es handelt sich um stabile Holz-Erde-Konstruktionen, oft derart, daß große Kästen in Blockbauweise aneinander gereiht und mit Erde gefüllt den Kern des Befestigungswalls bildeten.

Burgen waren nicht nur die Mittelpunkte von Herrschaft und Verwaltung. Sie können zugleich auch religiöse Zentren gewesen sein, zumal die profanen und sakralen Funktionen damals bei weitem nicht so differenziert aufgefaßt wurden wie heute. Der weltliche Herrscher oder Anführer konnte durchaus zugleich auch geistliches Oberhaupt oder Priester sein. Manche Slawenburgen sind daher auch mit bestimmten Gottheiten eng verbunden. Das könnte auch im Falle von Plön (S. 102) zutreffen. Jedenfalls berichtet Helmold von Bosau über ein hier verehrtes Idol des Gottes Podaga. Entsprechende Heiligtümer werden auch für eine Gottheit Prove bei Oldenburg für die Wagrier und Siva bei Ratzeburg für die Polaben genannt.

Auffällig ist die große Zahl slawischer Burgen in Ostholstein. Offenbar hat es viele kleine Herrschaftsbereiche gegeben, jedenfalls in früh- und mittelslawischer Zeit. Vermutlich als Folge von Expansionsbestrebungen verschiedener Burgherren wurden die Herrschaftsbereiche größer, und mehr und mehr Burgen verloren ihre Funktion. Diese Entwicklung endete damit, daß nur noch die zwei Hauptorte, der Wagrier in Oldenburg und der Polaben in Ratzeburg, übrigblieben.

Der Vorteil von Oldenburg (S. 108 bis 109) war zweifellos seine Lage am Oldenburger Graben, einem flachen, heute längst verlandeten Meeresarm, der die Halbinsel Wagrien durchtrennte und ihren Nordteil zur Insel machte. Auf ihr lag, zusätzlich von einem hakenförmigen Meeresarm teilweise umgeben, die „alte Burg" (= Starigard). Sie war damit sowohl Hauptort der Wagrier als auch Seehafen und Ort des Stammesheiligtums. Unter Kaiser Otto I. wurde in Oldenburg ein Bistum und Missionszentrum eingerichtet. Im andauernden Hin und Her von christlicher und heidnischer Herrschaft wurde es wiederholt ausgelöscht und neu eingerichtet, bis es 1160 in das aufstrebende Lübeck verlegt wurde.

Unter den Wagrierfürsten in Oldenburg spielte der christliche Gottschalk seit 1043 eine herausragende Rolle. Es gelang ihm, sich zum Gesamtherrscher über den abodritischen Stammesverband aufzuschwingen, dessen Mittelpunkt dann nach Alt-Lübeck (S. 114 bis 115) verlegt wurde.

Dänischer Norden

Mindestens seit der Zeit Karls des Großen beteiligten sich die nördlich der Schlei ansässigen Dänen an den machtpolitischen Auseinandersetzungen in Schleswig-Holstein. Nach einem verpaßten Treffen Karls mit dem Dänenkönig Göttrik im Jahre 804 trafen sich Gesandte beider Seiten 809 in „Badenflioth" (Beidenfleth), um Spannungen nach dänischen Übergriffen in das von Karl beanspruchte Gebiet nördlich der Elbe beizulegen. Schon im nächsten Jahr ließ Karl auf dem Esesfelth bei Itzehoe ein Kastell zum Schutz der Reichgrenze gegen Norden bauen. Im weiteren Verlauf des 9. Jahrhunderts setzten sich die dänischen Übergriffe in einer Zeit wachsender Schwierigkeiten innerhalb des fränkischen Reiches fort. Auch die Zerstörung Hamburgs im Jahre 845 gehört in diesen Zusammenhang.

Gleichzeitig, in der Zeit seit etwa 800, findet auch eine Verstärkung der dänischen Position an der Südgrenze des Landes statt, sowohl militärisch durch den Ausbau des gegen Süden gerichteten Grenzsicherungssystems des Danewerks als auch wirtschaftlich mit der Stärkung des unmitelbar an der Grenze gelegenen Handelsplatzes Haithabu.

Die Wikingerstadt Haithabu und das Danewerk sind sicherlich die berühmtesten archäologischen Denkmale Schleswig-Holsteins. Beider Lage hängt eng mit der Geographie der cimbrischen Halbinsel zusammen, die im Bereich der Südgrenze der Dänen eine Landenge von nur etwa 15 km aufweist. Dies ermöglichte gleichermaßen eine Sicherung der Grenze durch die Wälle des Danewerks wie auch eine relativ kurze Landverbindung zwischen den Seewegen der Nord- und Ostsee und damit einen optimalen Standort für den Handelsort Haithabu.

Im Osten schneidet die Schlei etwa 40 km tief in das Land ein. An ihrem Ende liegen Schleswig und an einer Nebenbucht, dem Haddebyer Noor, Haithabu einander gegenüber. Von Westen her dehnen sich die Marschen beiderseits der Eider und der Treene weit nach Osten hin aus und machen einen Nord-Süd-Verkehr, jedenfalls zur damaligen Zeit, unmöglich. Über beide Flüsse war andererseits Hollingstedt am Westende des Danewerks per Schiff erreichbar.

Das Danewerk besteht aus einem ganzen System von Befestigungswällen mit südlich davor liegenden Gräben (S. 116). Als sich zu Beginn des 9. Jahrhunderts die Lage zwischen dem Frankenreich und Dänemark zuspitzte, ließ Göttrik im Jahre 808 den Grenzwall verteidigungsbereit machen. Nach neueren Ausgrabungen ist das Danewerk aber im Kern offenbar um einiges älter. Und auch nach Göttrik wurde es weiter ausgebaut. So wurde die ursprüngliche Holz-Erde-Konstruktion des Walles durch eine in Lehm gesetzte Feldsteinmauer ersetzt, an deren Stelle unter König Waldemar (1157 bis 1182) eine Ziegelmauer trat (S. 117), die sogenannte Waldemarsmauer, von der noch Teile zu sehen sind. Der letzte große Umbau des Danewerks geschah um 1860 im Rahmen der Befestigung der Schleswiger Landenge vor den Deutsch-Dänischen Kriegen. Im Zweiten Weltkrieg wurde an der Südseite des Danewerks noch ein etwa 4 km langer Panzergraben ausgehoben.

Der Handelsort Haithabu bestand seit dem 8. Jahrhundert zunächst als noch kleiner Ort am Westufer des Haddebyer Noores. Schon bald zeigen die bei den langjährigen Ausgrabungen zutage gekommenen Funde enge Verbindungen mit Nordfriesland, der südlichen Nordseeküste bis Westeuropa sowie nach Skandinavien und dann auch über die großen russischen Flüsse nach Byzanz und in die islamischen Länder. Im 9. und 10. Jahrhundert war Haithabu zusammen mit Birka im Mälarsee bei Stockholm die größte Handelsmetropole im nördlichen Europa. Bis in die Mitte des 10. Jahrhunderts war die Stadt – von einer solchen kann man in der Tat sprechen – offenbar unbefestigt. Erst dann wurde der mächtige Halbkreiswall errichtet, der ein Areal von 24 ha eingrenzt, das die Siedlung aber wohl nur zum Teil ausfüllen konnte. Womöglich entstand in diesem Zusammenhang auch der Verbindungswall zwischen dem Hauptwall des Danewerks und dem Halbkreiswall.

Politisch gehörte Haithabu mit kurzen Unterbrechungen den dänischen Königen. Seit dem Ende des 10. Jahrhunderts erschwerten die politischen Umstände zunehmend den Handel und leiteten den Niedergang Haithabus ein. 1050 überfiel der norwegische König Harald der Harte die Stadt und brannte sie nieder. 1066 erfolgte in erneuter Überfall durch die Slawen mit der völligen Vernichtung. – Danach wurde die Stadt an das gegenüberliegende Ufer der Schlei zum heutigen Schleswig verlegt.

Verkehrsverbindungen

Im Unterschied zur Gegenwart, in der ständig neue Straßen aller Art die Landschaft durchschneiden, hatten überregionale Verkehrsverbindungen, gern Heerwege genannt, früher oft eine lange Tradition. In Schleswig-Holstein gilt dies vor allem für den sogenannten Ochsenweg, oder besser: das System der Ochsenwege.

Daß diese Hauptverbindung durch die ganze Länge der cimbrischen Halbinsel bereits vor 4000 Jahren bestand, belegen Reihen von bronzezeitlichen Grabhügeln, die mancherorts den Ochsenweg begleiten (S. 94). Von Aalborg am Limfjord führte der Weg westlich von Flensburg und Schleswig vorbei – hier durch einen Durchlaß im Danewerk – über Rendsburg und Bad Bramstedt in Richtung Hamburg, um bei Wedel über die Elbe („Fährmannssand") Niedersachsen zu erreichen. Zwei westliche Abzweigungen führten in die Marschen an der Westküste. Bis in das vorige Jahrhundert diente er dem Landverkehr: Händlern, Wanderhandwerkern, der berittenen und der bespannten Post, Steuereintreibern und Soldaten, aber auch Räubern und fahrendem Volk, vor allem aber den Ochsentreibern, die ihre Herden entweder in die Marschen zum Mästen oder zum Verkauf nach Hamburg oder nach Niedersachsen und bis nach Holland trieben. Erst mit dem Bau der Eisenbahn wurde die alte Struktur des Landverkehrs grundlegend verändert. Teile der Ochsenwege verfielen und sind heute vielleicht gerade noch im Luftbild zu erkennen.

Eine wichtige Querverbindung, die vor allem seit der Entwicklung Hamburgs und Lübecks in der Hansezeit bedeutsam wurde, führte von der Elbe über Bergstedt nach Oldesloe, wo die Niederungsgebiete der Trave und Beste am ehesten zu überwinden waren, dann weiter nach Lübeck, den letzten Teil des Weges auch auf dem Wasserweg.

Wohl schon wesentlich früher hatte eine andere Verbindung von der Elbe nach Lübeck herausragende Bedeutung erlangt: die alte Salzstraße (S. 124 bis 125). Von der Salzstadt Lüneburg kommend überquerte sie an der Ertheneburg bei Grünhof-Tesperhude (S. 122) die Elbe. Dieser Übergang bestand wahrscheinlich schon seit der Steinzeit. Dafür sprechen zahlreiche Grabhügel in unmittelbarer Nähe, darunter auch das Totenhaus von Grünhof-Tesperhude (S. 61). Von der langen und intensiven Benutzung des Elbüberganges zeugen auch die beiden tief ausgefahrenen Rinnen, die den Steilhang hinauf zur Ertheneburg führen.

Oberhalb der Ertheneburg gabelte sich die von Süden kommende Straße in zwei Hauptlinien. Die eine führte am Elbtal entlang nach Hamburg. Der andere, eben die Salzstraße, führte über Mölln und Ratzeburg, dem zeitweiligen Hauptort der slawischen Polaben, nach Alt-Lübeck, bzw. der späteren Hansestadt Lübeck. Wie der Name sagt, war es vor allem der Transport von Salz, der besonders im Mittelalter diesen Handelsweg so wichtig machte. Salz wurde in großen Mengen gebraucht, um der Fischerei in den Gewässern des hohen Nordens den Transport des Fanges bis in das katholische Mitteleuropa zu ermöglichen. Der Fisch wurde dann von Lübeck aus in umgekehrter Richtung auf der Salzstraße weiter verfrachtet.

Es gab zwar durchaus die Möglichkeit, in Schleswig-Holstein selbst Salz viel verkehrsgünstiger zu gewinnen. Das geschah auch in der Mitte des 12. Jahrhunderts in Oldesloe, also viel näher bei Lübeck. Aber Heinrich der Löwe ließ alsbald die Oldesloer Salzquellen zuschütten, damit gar nicht erst eine Konkurrenz für seine Lüneburger Sülfe aufkommen konnte.

Neben den Verkehrswegen auf dem Lande wurden offenbar auch die vorhandenen Verbindungsmöglichkeiten auf dem Wasser nach Kräften genutzt. Dies läßt sich in den meisten Fällen nur indirekt erschließen, etwa wenn Gegenstände, sagen wir aus dem Rheinland, in Schleswig-Holstein an Stellen auftauchen, die mit Schiffen erreichbar waren. Kombinationen von Wasser- und Landwegen sind bekannt, z.B. zwischen Haithabu an der inneren Schlei und Hollingstedt, wohin man eideraufwärts mit dem Schiff gelangen konnte.

Auch im Zuge der Salzstraße wurden Güter auf der Stecknitz nach Lübeck verfrachtet, wie aus einer Urkunde von 1188 überliefert ist. Am Ende des 14. Jahrhunderts wurde dann die Delvenau, die in Lauenburg in die Elbe mündet, durch einen Graben mit der Stecknitz verbunden. Diese erste künstliche Wasserstraße im nördlichen Europa, der Stecknitzkanal, ist bis heute im Gelände zu sehen (S. 127). Er ist der Vorläufer des Elbe-Lübeck-Kanals.

Hohes Mittelalter

In der landläufigen Vorstellung ist das Mittelalter die Zeit der Ritter und ihrer Burgen. Ritterburgen gibt es auch in Schleswig-Holstein in beträchtlicher Zahl. Die Spuren, die sie hinterlassen haben, sind allerdings viel unscheinbarer als die romantisch anmutenden Ruinen, die man andernorts besichtigen kann.

Während die Burgen des frühen Mittelalters als Ringwälle gebaut waren, setzte sich seit dem 11. Jahrhundert ein ganz anderer Burgentyp durch, der mit dem aus dem Französischen übernommenen Wort als „Motte" bezeichnet wird. Eine verständlichere, wenn auch umständliche deutsche Bezeichnung könnte vielleicht „Burghügelanlage" oder „Turmhügelburg" lauten. Wie das Wort so dürfte auch der Typ der Motte in Frankreich entstanden sein. Von dort hat er sich allmählich nach Deutschland ausgebreitet. Den Weg nach Schleswig-Holstein haben die Motten augenscheinlich erst im 12. Jahrhundert gefunden (S. 128 bis 143).

Im Kern handelt es sich bei einer Motte um eine sehr kleine Burg: Auf einem künstlichen, mehr oder weniger hohen Hügel, der in der Regel von einem wasserführenden Graben umgeben ist, stand ein Turm, zumeist aus Holz, in dem der Burgherr wohnte. Zur Motte gehört eine durch Wall und Graben geschützte Vorburg als Platz für den zugehörigen Wirtschaftsbetrieb. Meistens sind Motte und Vorburg derart kombiniert, daß der Turmhügel randlich in der Vorburg steht. Es kommt aber auch vor, daß beide räumlich getrennt sind, was die Zuordnung heute natürlich erschwert. Heute ist meistens nur noch der Turmhügel im Gelände zu sehen, oft noch immer von Wasser umgeben, weil Motten gern die Schutzlage in feuchten Niederungen nutzten. Die Vorburg ist meistens nicht mehr zu erkennen. In Einzelfällen kommt es aber auch vor, daß in der ehemaligen Vorburg noch immer ein landwirtschaftlicher Betrieb existiert.

Motten sind also „Ritterburgen". In ihnen wohnten Angehörige des niederen und mittleren Adels, der mit dem Aufkommen und der Ausbreitung des Feudalsystems im fränkischen Reich entstanden war. Wenn sich die Motten in Schleswig-Holstein weit überwiegend (aber nicht ausschließlich) in den ostholsteinischen Kolonisationsgebieten finden, so hängt das unmittelbar mit der zunehmenden Bedeutung des Lehnsadels seit der zweiten Hälfte des 12. und im 13. Jahrhundert zusammen. Hier wird ein Wandel im Herrschaftssystem deutlich, der sich bis in die Neuzeit, in den Besitzverhältnissen manchmal bis in die Gegenwart, fortgesetzt hat (S. 143).

Natürlich gab es unter den Adligen, die auf den Motten saßen, auch Raubritter. Berüchtigt war die streitbare Familie Scharffenberg auf ihrer Burg „Linowe", die seit 1291 urkundlich bekannt ist. Sie liegt am Ortsrand von Linau, nordöstlich von Trittau. Auf dem besonders hohen Turmhügel von etwa 50 m Durchmesser, der von zwei kleineren Hügeln mit Wassergräben flankiert wird, hat ein mächtiger Turm aus Feldsteinen gestanden – ein Unikum unter den bekannten Motten. Die Steine liegen noch dort (S. 140 bis 141). 1349 machten die vereinigten Lauenburger, Holsteiner und Schauenburger Grafen dem Unwesen ein Ende. Nach dreiwöchiger Belagerung wurden die Scharffenbergs vertrieben und das „Räubernest" zerstört.

Wenn schon die Vorburgen der Motten nur in Ausnahmefällen noch im Gelände zu sehen sind, wird man sich nicht wundern, daß Spuren bäuerlichen Lebens aus dem Mittelalter nur unter besonders günstigen Bedingungen heute noch zu sehen sind. Das hat auch damit zu tun, daß die Dörfer und ihre Wirtschaftsflächen in der Regel bis heute fortbestehen, größer geworden sind und intensiver genutzt werden. Aufgelassene Wirtschaftsflächen allerdings, sogenannte Flurwüstungen, sind hier und da noch erkennbar, sofern sie seit ihrer Auflassung vor menschlichen Eingriffen geschützt blieben.

Eine besondere Art des Schutzes kann durch zeitweilige Abdeckung geschehen, etwa durch Wanderdünen. Wenn diese an ihrer Rückseite die alte Oberfläche wieder freigeben, werden mittelalterliche Ackerbeete in Form sogenannter Hoch- oder Wölbäcker wieder sichtbar (S. 25 bis 27). Diese sind dadurch entstanden, daß die langen, schmalen Ackerstreifen mit dem Wendepflug immer von außen nach innen gepflügt wurden. Auch ohne den Schutz durch Wanderdünen sind an vielen Stellen ausgedehnte Wölbackersysteme, meist unter Wald, erhaltengeblieben.

Die Landschaften der Westküste

Die Westküste ist der vielfältigste der drei schleswig-holsteinischen Landschaftsbereiche. Hier gibt es die nordfriesischen Inseln mit ihren alten Geestkernen, das Watt mit den Halligen und die heute eingedeichten Marschen. Es ist die Nordsee, welche diese Landschaften geschaffen, verändert und zum großen Teil auch wieder zerstört hat. Seit längerem schon versucht der Mensch, sich das Land nutzbar zu machen. Dadurch trägt auch er zur ständigen Veränderung bei.

Die Hauptursache dieser instabilen Situation ist der scheinbare allmähliche Anstieg des Meeresspiegels, die Transgression der Nordsee. Dieser neutrale Begriff sagt nichts über die Ursache aus, ob es sich tatsächlich um einen Anstieg des Meeresspiegels handelt, oder ob stattdessen das Land allmählich sinkt. Dies scheint an der Westküste in der Tat der Fall zu sein, und zwar als eine Folge der Eisbedeckung Nordeuropas in der bisher letzten, der Weichsel-Kaltzeit. Seither hat sich das Land vor allem im Norden Skandinaviens deutlich gehoben, weil es von der Last der Eismassen befreit wurde. Die ganze nordeuropäische Kontinentalscholle ist dadurch in eine Kippbewegung geraten, um wieder ins Gleichgewicht zu kommen. Und dabei sinkt ihr südlicher Teil langsam in die Tiefe.

Die Folgen der Transgression sind ebenso unübersehbar wie unterschiedlich. Da werden flache, ausgedehnte Küstenlandschaften überschwemmt und dabei in Watten verwandelt (S. 42 bis 43), da werden Anhöhen, natürliche wie künstliche, von der Seite her durch die Brandung angegriffen und mehr und mehr verkleinert, bis sie völlig verschwinden. Da entsteht aber auch neuer, sehr fruchtbarer Marschboden durch Sedimentation von Sinkstoffen auf geschützten, strömungsarmen Flächen (S. 50 bis 51). Schließlich treibt auch die Strömung Sandbänke an die Küsten (S. 47), die dort die weiten Strände bilden, und deren Sand durch küstenparallele Strömung auch zu Nehrungen aufgeschüttet wird. Die sandigen, jüngeren Teile der drei Inseln sind auf diese Weise entstanden. Schließlich kommt auch noch der Wind ins Spiel, der aus diesen Sandablagerungen neue Anhöhen in Form von Dünen aufweht (S. 38 bis 39).

Die nordfriesischen Inseln sind im Kern sehr alte Geestrücken. Vor der letzten Kaltzeit waren sie schon einmal Inseln, um dann während der letzten Vereisung mit dem Absinken des Meeresspiegels zu Anhöhen auf einem größeren Festland vor dem Eisrand zu werden. Von einer ganzen Gruppe solcher Höhenrücken, bzw. Inseln sind nur noch Sylt, Amrum und Föhr übriggeblieben. Die anderen hat die Nordsee vernichtet. Und auch die drei übriggebliebenen waren einmal viel größer. Auf Sylt beispielsweise zeugen die Abbruchkanten der Kliffs (S. 22) von den Landverlusten, die allein in den letzten 200 Jahren nicht weniger als etwa 300 m betragen haben. Und wenn heute ein Steingrab vor Archsum im Watt liegt (S. 20), bezeugt dies eindeutig, daß an dieser Stelle einmal hochwasserfreies, trockenes Land war.

Beim Fortschreiten der Transgression geriet auch das flache Land südlich der Inseln in den Einflußbereich des Meeres. Infolge der Vernässung bildeten sich weitflächige Torfmoore im Schutz der noch bestehenden Höhenrücken im Westen. Dann kamen aber doch die ersten Überschwemmungen mit Seewasser. Die Moorvegetation starb ab, und der Torf wurde mehr und mehr mit Salz durchtränkt. Jede Überschwemmung brachte Sinkstoffe mit, die sich über dem Torf ablagerten. Es entstanden weite Marschflächen zwischen den Inseln und Eiderstedt. Im Mittelalter begann man, dies Land zu kultivieren, es mit Gräben zu entwässern und durch Deiche zu schützen.

Durch ihre Kultivierungsmaßnahmen gefährdeten die Bauern aber zugleich auch ihr eigenes Werk. Da gab es die große Marscheninsel „Strand", von der die heutigen Inseln Nordstand und Pellworm noch als kleine Reste erhalten sind (S. 47). In zwei großen Sturmfluten 1362 und 1634 brachen die Deiche, und das Wasser ergoß sich über die Kulturflächen. Da die Kolonisten das Land entwässert hatten, war es zum Schrumpfen des unter dem Klei liegenden Torfes gekommen. Auch hatte man Torfschichten an der Oberfläche entfernt. So lag das eingedeichte Land jetzt tiefer als der Meeresspiegel, und man konnte das Wasser nicht wieder los werden. Gutes Kulturland war zum Watt geworden.

In den Marschengebieten weiter nördlich, dem heutigen Halligland, verzichtete man auf großflächige Eindeichungen, als man begann, zu Anfang unseres Jahrtausends auch dort zu siedeln. Dies Land war von zu vielen Prielen durchzogen, gegen deren starke Stömung man damals noch kein Mittel hatte. Man lebte in diesen unbedeichten „Uthlanden“ auf Warften, um vor den häufigen Überschwemmungen bei Sturm- und Springfluten sicher zu sein. Ein Problem war dabei die Versorgung von Menschen und Vieh mit Süßwasser. Dafür stand nur Regenwasser zur Verfügung. Man sammelte es in runden, teichähnlichen Vertiefungen oben auf der Warft, sogenannten Fethingen (S. 40), für das Vieh und in brunnenähnlichen, mit Grassoden verkleideten Zisternen für die Menschen. Auch wurde das Nutzland durch Entwässerungsgräben und mit Schleusen meliorisiert, so daß man neben der Viehhaltung auch Felder beackern konnte (S. 42 und 43).

Auch von diesem Kulturland ist nur wenig übriggeblieben. Für die Zerstörungen gibt es wieder zwei Ursachen: die permanenten Angriffe des Meeres und die Menschen selbst.

Das Meer griff das begrünte Land von allen Seiten her an, nicht nur von Westen, sondern auch über die Priele, die in großer Zahl das Land durchzogen. Das nutzbare Kulturland wurde dadurch immer kleiner. Die geringen Reste, die noch übriggeblieben sind, die Halligen, wurden erst in jüngster Zeit durch künstliche Uferbefestigungen gegen den weiteren Abbruch geschützt. Dieser permanente Angriff des Meeres vernichtete nicht nur das Land mit allen Ackerflächen, Entwässerungsgräben, Schleusen und auch den kleinen Deichen, die hier und dort gebaut worden waren, sondern natürlich auch die Warften. Man kann ihre Spuren mancherorts im Watt noch sehen (S. 41). Den dort wohnenden Menschen blieb nichts übrig als auszuweichen.

Das Wasser vernichtet aber nicht nur Land; zugleich erhöht es die übriggebliebenen Flächen. Bei jeder der zahlreichen Überflutungen hinterläßt es eine dünne Schicht aus Schwebstoffen, die es an anderer Stelle losgespült hat. Diese wird vom Grasbewuchs festgehalten. Im Laufe gar nicht allzu langer Zeit werden die Halligen durch diesen „Anwachs“ um Meter aufgehöht.

An der Zerstörung des Kulturlandes war aber auch der Mensch keineswegs unschuldig, vor allem durch den Abbau von „Salztorf“, einer besonderen Form der Gewinnung von Salz, die im Mittelalter einige wirtschaftliche Bedeutung hatte und deren Spuren im Watt auf großen Flächen heute noch sichtbar sind (S. 44 bis 45). Um an den salzwassergetränkten Torf heranzukommen, mußte zunächst die Kleidecke entfernt werden. Diese wurde streifenweise in einen Graben gekippt, aus dem vorher der Torf herausgeholt worden war. Dadurch wurde nicht nur die Landoberfläche gefährlich tiefer gelegt; es entstand auch die charakteristische Streifenstruktur im Watt. Der gewonnene Torf wurde verbrannt und aus der Asche das Salz ausgelaugt. Manchmal wurden die Abbauflächen sogar gegen das normale Tidehochwasser durch niedrige Deiche (S. 43, 44) geschützt.

Während die Besiedlung der Uthlande erst zu Anfang unseres Jahrtausends begann, wurden die Marschen entlang der Küsten schon in der Zeit um Christi Geburt aufgesucht. Sie hatten zu jener Zeit einen Zustand erreicht, daß sie zumindest teilweise begehbar und bewohnbar geworden waren. Die Ablagerung von Sinkstoffen führte in der Nähe des Wassers naturgemäß zu einer größeren Aufhöhung als in den wasserferneren Bereichen, die wir uns als sehr feuchte und sumpfige Röhrichte vorstellen dürfen. Auf den „hohen Ufern“ aber war es hinreichend trocken, so daß man nicht nur Häuser bauen, sondern auch kleine Ackerflächen anlegen konnte. Hier entstanden im Laufe der ersten Jahrhunderte nach Christi Geburt die eisenzeitlichen Dorfwarften (S. 48).

Erst viel später, zu Beginn unseres Jahrtausends, begann man, die Marschen großflächig zu kolonisieren, sie zu entwässern und zugleich einzudeichen. Die ersten Köge waren noch klein. Aber sie wurden mit der Zeit größer, und neue Köge wurden vor den älteren eingerichtet. Die alten, nicht mehr notwendigen Deiche verschwanden teilweise. Oft zeugen sie aber als „Schlafdeiche“ von der langen Geschichte der Landgewinnung. Natürlich gab es Rückschläge, wahrscheinlich viel mehr als wir uns heute vorstellen mögen. Die unübersehbaren Spuren der Deichbrüche sind die tief ausgekolkten Wehlen (S. 49), deren friedlicher Anblick die Katastophe, von der sie zeugen, leicht vergessen lassen könnte.

Steinzeitliches Riesenbett „Harhoog" bei Keitum, Sylt.

Weißes Kliff bei Morsum, Sylt.
„Harhoog" bei Keitum.
Ganggrab „Denghoog" in Wenningstedt, Sylt.

Zeugen des allmählichen Vordringens der Nordsee:

Steinzeitgrab im Watt vor Archsum, Sylt, und bronzezeitlicher Grabhügel auf der Nösse-Halbinsel, Sylt.

In der Grabkammer des „Denghoog" in Wenningstedt, eines der am besten erhaltenen Großsteingräber in Deutschland.

Die Abbruchkante des „Weißen Kliff" bei Braderup auf Sylt zeugt vom ständigen Angriff des Meeres, der dazu führt, daß die Insel immer kleiner wird, vor allem natürlich im Westen, aber auch an der Ostseite. Auf diese Weise sind bereits einige „nordfriesische Inseln" verschwunden, darunter eine, die ein gutes Stück westlich von Amrum lag und deren Reste als „Amrumbank" heute 8 - 10 m tief unter dem Meeresspiegel liegen. Im Weißen Kliff und an anderen Steilufern ist der alte Untergrund der Insel, der Geestkern aufgeschlossen. Er besteht am Weißen Kliff aus Ablagerungen, die das Eis der vorletzten Kaltzeit hinterlassen hat. Noch ältere Schichten aus dem Tertiär findet man unter anderem am Morsum-Kliff im Ostteil von Sylt.

Die Grabhügelgruppe aus der Bronzezeit auf der Nösse-Halbinsel im Osten von Sylt gehört zu den zahlreichen Belegen für die frühe Besiedlung auf den Geestkernen der nordfriesischen Inseln. Möglicherweise gibt es aber noch viel ältere Hinweise auf die Anwesenheit von Menschen. Am Morsum-Kliff und am Roten Kliff bei Wenningstedt wurden sehr einfach zurechtgeschlagene Steingeräte gefunden. Allerdings ist die Frage, ob es wirklich von Menschenhand geschaffene „Artefakte" oder Zufallsprodukte der Natur sind, nicht ganz unumstritten. Ihr Alter wird jedenfalls auf einige Jahrhunderttausende geschätzt.

Spuren historischer Landwirtschaft, die lange Zeit von Wanderdünen zugedeckt waren und nun wieder freigeweht sind:
Alte Ackerfurchen bei der Grabhügelgruppe „Tribergen“ bei Utersum, Föhr.
Freigewehte Trittspuren von Viehherden auf Amrum.

Freigewehte „Wölbäcker“ auf Amrum mit der für das Mittelalter typischen Form der sehr schmalen, in der Mitte leicht erhöhten Ackerbeete.

Reste von Wölbäckern innerhalb der Bewuchsspur vom ehemaligen Rand einer Düne auf Amrum

Freigewehter Stallgang eines eisenzeitlichen Bauernhauses bei Nebel

Freigewehte Feuerstelle eines eisenzeitlichen Hauses bei Nebel, Amrum.

Die „Tinnumburg", zwischen Westerland und Tinnum auf Sylt gelegen, hat zahlreiche Deutungen erfahren, unter anderem als „Tins"- oder Schatzungsburg, als „Zwing"-Burg, als Zufluchtsstätte, als Schutz eines Handelsplatzes, als Kultplatz oder als Sitz des Ritters Klaus Lembeck, der 1374 gegen den König rebellierte.

Eine Ausgrabung 1976 ergab, daß der Ringwall ursprünglich in der Zeit um Chr. Geb. angelegt wurde. Aufgrund von Ähnlichkeiten mit der Archsumburg im Osten von Sylt ist die Vermutung aufgekommen, daß es sich um einen Platz von kultischer Bedeutung handeln könnte. Zu einer Befestigung wurde die Tinnumburg in der Wikingerzeit ausgebaut.

„Friesengräber" – wikingerzeitliche Grabhügel vor dem großen Bronzezeithügel „Esenhugh" bei Steenodde, Amrum.

Eisenzeitlicher Wohnhügel „Firstklent" bei Archsum, Sylt. Zunächst hatten die Bauern Humusboden aufgetragen, um ihre Äcker zu verbessern. Später wurde weiter aufgehöht, um einen hochwasserfreien Siedlungsplatz zu haben – ähnlich wie bei den Warften in der Marsch.

Wikingerzeitliche Grabhügelgruppe „Monklembergen", von einem Erdwall umgeben, bei Süderende, Föhr.

Der „Krümwall" bei Steenodde, Amrum, umschließt eine große, halbkreisförmige Fläche. Seine Bedeutung ist nicht bekannt. Um eine Burg kann es sich schon wegen der Größe nicht handeln. Sicher ist nur, daß er älter ist als die im Bild sichtbaren Ackerfluren, die über den Wall hinweg verlaufen.

Die frühmittelalterliche „Lembecksburg" bei Borgsum auf Föhr. Nach der Überlieferung soll sich hier der rauflustige Ritter Klaus Lembeck verschanzt haben. Er war vom Dänenkönig Waldemar Atterdag mit den drei nordfriesischen Inseln belehnt worden, weigerte sich aber, den Lehnseid zu leisten. Daraufhin wurde er in der Burg belagert, konnte aber entkommen.

In der Mitte des Ringwalls befand sich früher ein Tümpel für die Versorgung mit Wasser. Bei Ausgrabungen wurden hinter dem Wall Spuren von Häusern gefunden, deren Wände aus Grassoden aufgesetzt waren. Die Dächer ruhten auf hölzernen Trägerpfosten.

Auf der Dünenkuppe hat sich Strandhafer angesiedelt. Hier wird herangewehter Sand festgehalten, und es entstehen neue Dünen auf der alten.

Abfallhaufen im mittelalterlichen Alt-List. Der Ort war lange von der Wanderdüne überweht.

Die Leeseite der einzigen noch aktiven Gruppe von Wanderdünen Deutschlands. Hier schiebt sie sich vor und begräbt das Vorland unter sich.

Warft auf der Hallig Habel als Luftspiegelung

Der „Fething" genannte Regenwasserspeicher der Peterheitzwarft auf Langeneß

Brunnenring aus Grassoden mit Verbindungsgraben zum Fething einer untergegangenen Warft im Watt vor Langeneß

Spuren einer 1825 untergegangenen Warft vor Langeneß:
Warftsockel mit Fething und Kanalsystem, durch das bei Überflutungen versalzenes Wasser abgeleitet werden konnte.

Abbruchkante der Hallig Langeneß
Verklappter Torf im Watt bei Südfall
Priel bei Niedrigwasser, Hallig Südfall

Ackerfurchen des 8. Jahrhunderts im Watt bei Hooge
Entwässerungsgraben in einem Koog
Ehemaliger Entwässerungsgraben, einen Priel kreuzend

Priellandschaft auf Hallig Hooge
Priel, von einem Graben gekreuzt
Traditionelle Prielbrücke auf Südfall

Torfabbauspuren vor Langeneß
Luftspiegelung einer Warft auf Nordstrandischmoor
Sodenbrunnen vor Langeneß

Salztorfabbau im Watt vor Langeneß:
Um an den vom Meerwasser mit Salz durchtränkten Torf heranzukommen, der unter der Marschenklei-Decke liegt, wurden nacheinander lange Streifen der Kleischicht in die vorher durch Ausgraben des Torfs entstandenen Gräben gekippt.

Der Japsand an der Außenkante des Watts vor Hallig Hooge wandert landwärts. In gleicher Weise werden Sandbänke vor der gesamten Westküste, die sogenannten Außensände, manchmal bemerkenswert schnell, von der Strömung gegen das Land getrieben. Hier bilden sie dann ausgedehnte Sandstrände, z. B. bei St. Peter-Ording oder auf den nordfriesischen Inseln. Der Wind kann nun den Sand zu Dünen aufwehen.

Die alte Kirche von Pellworm, früher im Inneren der Insel, steht heute nahe der Abbruchkante.

Die Nutzung der Marsch begann in der Eisenzeit. Zunächst siedelte man auf dem „hohen Ufer", nahe am Wasser, wo bei Überschwemmungen am meisten Sediment abgelagert worden war. Die dorfartigen Siedlungen wuchsen langsam zu Wohnhügeln, Warften empor, teils durch Überbauung älterer Siedlungsreste, teils durch Auftragen von Kleiboden. Am Horizont die Warft Tofting auf Eiderstedt.

Hochwasserfreie Besiedlung war auch auf langgestreckten Sandhöhen in der Marsch möglich, fossilen Nehrungswällen, den sogenannten Donns. Der Ringwall der Stellerburg in Norderdithmarschen diente dem Schutz des westlichen Heerweges auf der Lundener Nehrung.

Durch den Bau von Deichen wurden allmählich immer größere Flächen in der Marsch vor Hochwasser geschützt und damit nutzbar gemacht, ein Prozeß, der bis heute andauert. Zahllose Deichbrüche bei Sturmfluten, oft mehrfach nacheinander wie im 16. Jahrhundert am Porrenkoog vor Husum, gefährdeten die neugestaltete Landschaft. Sie hinterließen tief ausgekolkte Wehlen, die vom erneuerten Deich auf der Wasserseite in einem Bogen umgangen werden.

Die Warft Tofting auf Eiderstedt
Ringwall der Stellerburg in Norderdithmarschen

Deich und Wehle aus dem 16. Jahrhundert am Porrendeich bei Husum

Historische Viehtränke an der Eider.
In der unbedeichten Marsch wurden mit großem Arbeitsaufwand ringförmige Wälle aufgeschüttet, um dem Vieh bei Überflutungen nicht nur eine erhöhte Zuflucht, sondern auch unversalzenes Wasser im ausgetieften Innenraum zu gewährleisten.

Der Mittelrücken

Eigentlich ist es gar kein Rücken, sondern bestenfalls eine sehr flachwellige Ebene, welche die Marschen und Watten der Westküste vom östlichen Hügelland trennt. Dieser eher etwas langweilige sogenannte Mittelrücken ist in seiner heutigen Form das Ergebnis eines jahrzehntausendedauernden Geländeausgleichs. Ursprünglich war hier die Landoberfläche mindestens ebenso von Höhenrücken, Hügeln, Senken und Rinnen geprägt wie heute das östlich anschließende Hügelland entlang der Ostsee. Die Rinnen und Senken liegen heute im Untergrund, und die Höhenrücken und Hügel sind weitgehend eingeebnet, und ihr Material füllt die alten Senken, sofern es nicht weiter weg abtransportiert wurde.

Der Mittelrücken ist (zusammen mit den Geestkernen der Inseln) der älteste Teil Schleswig-Holsteins und besteht aus Material von Skandivavien. Man könnte überhaupt sagen, daß unser Land aus Skandinavien heran transportiert wurde, durch die großen Inlandvereisungen des Eiszeitalters. Wenn man sich alle Moränen und die Sandablagerungen des Schmelzwassers wegdenkt, dann wäre hier heute das Meer, aus dem vielleicht nur einige Inseln herausschauten.

Die Geest des Mittelrückens bestand zunächst aus den Moränenablagerungen der vorletzten großen Vereisung, in der Saale-Kaltzeit. Nach dem Verschwinden des Eises sah die Landschaft ähnlich aus wie heute das östliche Hügelland, das während der letzten Vereisung, in der Weichsel-Kaltzeit, entstand, mit den gleichen Hügeln, Seen und den schweren Lehmböden. In der folgenden Eem-Warmzeit war das Land von dichtem Wald bedeckt.

Ein durchgreifender Umwandlungsprozeß erfolgte dann aber während der Weichsel-Kaltzeit, in der das Eis den Mittelrücken zwar nicht noch einmal überfuhr, sondern an dessen Ostrand zum Stillstand kam. Aber der Klimaeinfluß des nahen Eises machte sich nachhaltig bemerkbar. Nicht nur daß die Vegetation verschwand und den nun ungeschützen Untergrund den Wirkungen von Wind und Niederschlägen preisgab, auch der dauernd tiefgründig gefrorene Boden erwies sich als folgenschwer. Wenn er im Sommer oberflächlich auftaute, konnte das Wasser nicht versickern, und das wassergetränkte Erdreich geriet ins Fließen. Das bewegte Landschaftsrelief wurde immer mehr ausgeglichen und zunehmend eintöniger.

Hinzu kam noch, daß von dem Inlandeis im Osten gewaltige Sandmassen durch die Schmelzwasserströme über das Land geschwemmt wurden. Diese Sander bilden vor dem Eisrand große, flache, fast ebene Schuttkegel, über welche die Schmelzwasser-Massen, in viele kleine, ständig wechselnde Arme zerteilt, nach Westen abflossen. Auch dadurch wurde eine Menge Moränenmaterial weggeschwemmt, sofern es nicht schon von den Sandern zugedeckt worden war.

Zurück blieb am Ende der Kaltzeit die eintönige, flache Landschaft des Mittelrückens mit vorwiegend sandigen, leichten und wenig fruchtbaren Böden, eben die Geest (dies Wort bedeutet unfruchtbar in jeder Beziehung). Hinzu kommt, daß diese Böden in dem regenreichen und kühlen Klima zur Bildung von Ortstein neigen, einer oft steinharten Schicht unter der Oberfläche aus Humus- und Eisenverbindungen, welche das Wachstum der Vegetation zusätzlich behindert.

Gleichwohl war der Mittelrücken in vor- und frühgeschichtlicher Zeit offenbar dicht besiedelt. Während die lehmigen Böden der ostholsteinischen Jungmoräne mit den damals verfügbaren Ackergeräten, in erster Linie dem Hakenpflug, kaum zu bearbeiten und die Marschen noch nicht vorhanden waren, kamen die leichten Böden der Geest den damaligen Möglichkeiten der Bauern entgegen.

So begann der Mensch schon früh, in die natürliche Entwicklung der Landschaft einzugreifen. Diese bestand nach dem Ende der Kaltzeit im wesentlichen in der erneuten Ausbreitung der Vegetation, die entsprechend den Wandlungen des Klimas mit der Kältesteppe, der Tundra, begann und über die allmähliche Bewaldung, zunächst nur mit Birken und Kiefern, später zunehmend mit anderen Arten von Laubbäumen, zu einem das Land nahezu völlig überziehenden reinen Laubwald führte.

Die seit der jüngeren Steinzeit gerodeten Waldstücke, auf denen man siedelte und Ackerflächen anlegte, dürften das Bild der Landschaft kaum in nennenswertem Umfang beeinträchtigt haben. Sie waren sicher sehr klein und konnten ohne Bodenverbesserung nur kurze Zeit als Felder genutzt werden, so daß sich die natürliche Vegetation in Form eines „Sekundärwaldes“ alsbald wieder einstellte. Aber es muß daneben eine viel wirksamere Zerstörung der natürlichen Vegetation gegeben haben, für die der Mensch gewissermaßen indirekt verantwortlich war.

Davon berichten die großen älterbronzezeitlichen Grabhügel. Sie sind in aller Regel aus Heideplaggen aufgebaut. Allein für einen einzigen solchen Hügel muß eine beträchtliche Heidefläche zum Abplaggen zur Verfügung gestanden haben. Wenn man nun die große Zahl solcher Hügel bedenkt, die in wenigen Jahrhunderten errichtet wurden und von denen heute sicher nur noch ein Restbestand vorhanden ist, dann ist der Schluß zwingend, daß es in der älteren Bronzezeit bereits sehr große Heideflächen gegeben haben muß. Nun ist aber die Heide hierzulande keine natürliche Vegetation. Das ist, wie gesagt, der Wald. Wenn aber der Wald intensiv als Weide für das Vieh, besonders für Schafe genutzt wird, kommt es zum ständigen Verbiß der Jungpflanzen. Dem Wald wird also der Nachwuchs genommen, und er stirbt im Laufe der Zeit aus. Die Nachfolger-Vegetation ist dann die Heide, die den Verbiß durch die Tiere gut verträgt, zur Regeneration sogar braucht. Heidelandschaften, von denen heute nur noch Reste vorhanden sind, die mit viel Aufwand erhalten werden müssen, sind also keine natürlichen Landschaften, sondern „Kultursteppen“, heute wie auch schon in der Bronzezeit – und wahrscheinlich auch schon in der Zeit davor.

Die Frühzeit des Ackerbaus und der Viehhaltung hat also offenbar zu erheblich größeren Eingriffen in die natürliche Landschaft geführt, als man auf den ersten Blick meinen sollte. Entsprechendes hat auch in der Zeit seit der beginnenden industriellen Entwicklung in der Eisenzeit stattgefunden. Für die Gewinnung und die Verarbeitung des Eisens wurden nicht nur die Lagerstätten abgebaut; vor allem mußte viel Holz eingeschlagen werden, um das Metall aus dem Erz auszuschmelzen und auch, um es aus der mit dem Metall angereicherten „Luppe“ auszuschmelzen. Große Teile des Waldes dürften dem Holzbedarf zum Opfer gefallen sein. Und die meisten der Raseneisenerz-Lagerstätten liegen auf dem Mittelrücken, dementsprechend auch die allermeisten Spuren von der Verhüttung und der weiteren Verarbeitung.

Noch durch das Mittelalter hindurch wurde das Eisen aus Raseneisenerz gewonnen. Dies besteht aus einer rötlichbrauen Verhärtung des Bodens durch Anreicherung von Eisenhydroxyd und bildet stellenweise oberflächennahe Schichten, manchmal regelrechte „Panzer“ (S. 64). Entstanden ist es durch über lange Zeit eingesickertes eisenhaltiges Wasser.

Die Verhüttungsplätze finden sich in unmittelbarer Nähe der Lagerstätten, meistens weitab von den nächsten Siedlungen. Erkennbar sind sie durch Schlackenhaufen, oft von beträchtlicher Größe (S. 97). Diese Schlacken sind das Abfallprodukt vieler einzelner Verhüttungsprozesse, für die jedesmal ein neuer Rennfeuer-Ofen gebaut werden mußte. Erz und – gleich nebenan in Meilern hergestellte – Holzkohle wurden schichtweise in den 1-2 m hohen, schornsteinähnlichen Ofen von oben eingefüllt und während des Schmelzprozesses nachgeworfen, bis sich unter kräftiger Luftzufuhr bei 1050 bis 1150 ° das Eisen von der Schlacke zu trennen begann und nach Erkalten und dem Abbruch des Ofens als mit metallischen Eisenpartikeln durchsetzte „Luppe“ oder „Ofensau“ herausgenommen werden konnte. Die Schlacken blieben am Ort liegen. Die arbeitsaufwendige Weiterverarbeitung zu nutzbarem Metall durch Ausschmieden der kleinen Eisenpartikel geschah dann meistens in der Nähe der Siedlungen. Auch dafür mußte wieder Holzkohle bereitgestellt werden – auf Kosten des Waldes.

Die ausgeglichenen Geländeformen des Mittelrückens und der trockene Boden, abgesehen von den Flußniederungen, trugen dazu bei, daß hier seit alter Zeit die wichtigen überregionalen Verkehrswege zwischen Nord und Süd verliefen. Das von tief ins Land reichenden Buchten und Förden zergliederte östliche Hügelland und auch die in früheren Zeiten nicht oder nur mit Schwierigkeiten begehbaren Marschen im Westen waren oder sind dafür weniger geeignet. Nicht nur der Verkehr, sondern mit ihm auch die kulturelle Kommunikation funktionierte vor allem in der Mitte. Das ist weitgehend bis heute so geblieben – zumindest was die Verkehrsverbindungen angeht.

„Dolmen" (keltisch für „Stein-Tisch") werden die ältesten Großsteingräber genannt. Sie haben nur einen, oft sehr großen Deckstein, der von zunächst 4, später auch 5 oder 6 Findlingen getragen wird. Die jüngeren Steingräber sind länger und haben mehrere Decksteine. Da man durch einen von Findlingen gestützten und überdeckten Zugang vom Hügelrand her in das Innere gelangen kann, um weitere Bestattungen vorzunehmen, werden sie Ganggräber genannt. Dolmen und Ganggrab sind Formen der Grabkammern. Diese waren ursprünglich von einem Hügel überdeckt, der entweder rund war oder die Form eines langen, dammähnlichen Erdwerks hatte. In diesem Fall spricht man von „Langbetten" oder „Riesenbetten".

Der „Brutkamp" am Ortsrand von Albersdorf in Süderdithmarschen gehört mit seiner fünfeckigen Kammer mit einem riesigen Deckstein noch dem älteren Typ der Steingräber, den Dolmen an.

Großsteingrab „Brutkamp" in Albersdorf

Steingräber bei Albersdorf (oben und unten) und Dellbrück (Mitte) in Dithmarschen

Ansichten eines Langbetts bei Albersdorf

Grabhügel in Hademarschen

Am westlichen Ochsenweg bei Leck
„Totenhaus" bei Grünhof-Tesperhude
Langbett im Sachsenwald

Der Schalenstein von Bunsoh, nördlich Albersdorf, liegt als Deckstein auf einem steinzeitlichen Ganggrab. Er ist über und über mit künstlich eingetieften Schälchen bedeckt. Bei genauerem Hinsehen entdeckt man außerdem längliche Rillen, Darstellungen von Füßen und Händen sowie ein vierspeichiges Rad, vermutlich ein Symbol der Sonne. Der religiöse Sinn der Schälchen und Figuren steht außer Zweifel.

Schalenstein von Bunsoh

Hände und ein (Sonnen-) Rad auf dem Schalenstein von Bunsoh

Das „Totenhaus" von Grünhof-Tesperhude bei Lauenburg: Steinpackungen stützen zwei Baumsärge. Daneben sieht man die Pfostengruben eines Gebäudes, das nach der Beisetzung zusammen mit den Särgen verbrannt wurde.

Grabhügel bei Hademarschen

Am Geesthang zur Marsch bei Bütjebüll, nordwestlich Bredstedt, ist ein Raseneisenerz-„Panzer" aufgeschlossen, das Rohmaterial für die Gewinnung von Eisen bis in das Mittelalter hinein.
Entstanden ist das Raseneinsenerz durch über lange Zeit eingesickertes eisenhaltiges Wasser. In der Austrocknungszone unter der Oberfläche konnte sich das als Eisenhydroxyd gebundene Metall immer mehr anreichern.

Raseneisenerz-„Panzer“ von Bütjebüll

Der Ringwall von Willenscharen im Störtal gehört zu einem System von Burgen aus spätsächsischer Zeit (9. - 10. Jahrhundert). Zu seinen Aufgaben dürfte die Sicherung der Fernstraße gehört haben, die als „Ochsenweg" die ganze jütische Halbinsel vom Limfjord bis Hamburg durchzog, und deren östlicher Zweig über Willenscharen nach Hamburg führte.
In Willenscharen wurde der nord-südliche von einem west-östlichen Wegezug gekreuzt, welcher der Stör folgte und zur Burg von Wittorf führte, die zu den Grenzsicherungen gegenüber dem slawisch besiedelten Ostholstein gehörte.

Die „Marienburg", Rest einer Turmhügelburg aus dem Mittelalter, die in der Geschichte eine Rolle gespielt hat. Sie liegt an der Mielenau bei Dellbrück in Süderdithmarschen. Der besonders wehrhafte Turmhügel war von mehreren Wällen umgeben. Er wurde 1403 als Wegsicherung, vor allem aber zur Kontrolle der freiheitsliebenden Dithmarscher erbaut. Trotzdem gelang es den Dithmarscher Bauern schon im nächsten Jahre, im Rahmen der Abwehrkämpfe gegen die Holsteiner Grafen, die Burg wieder zu zerstören.

„Marienburg" bei Dellbrück

Das östliche Hügelland

Im Unterschied zur saalezeitlichen Altmoräne des Mittelrückens mit ihrem ausgeglichenen, eher eintönigen Landschaftsrelief, besteht das östliche Hügelland aus den Ablagerungen der letzten Vereisungsperiode, der Weichsel-Kaltzeit, vor etwa 120 000 bis 20 000 Jahren. Diese Jungmöränen-Landschaft umrandet die Ostsee zwischen Dänemark im Norden und dem Baltikum im Osten und markiert als reich gegliederter Höhenrücken den Rand des Inlandeises.

Dieser Eisrand war in einzelne Loben oder Zungen, weiträumige Ausbauchungen aufgelöst, die je nach den wechselnden Klimaverhältnissen zeitweilig zurückschmolzen und erneut vorstießen. Dabei schoben sie vor sich Moränen- und Sandermaterial und das Geröll vom Grunde der Schmelzwasserströme zu Stauchmoränen zusammen, die in mehreren Staffeln hintereinander liegen können. Zu ihnen gehören die Hüttener und die Duvenstedter Berge, die Höhen am Westensee und die Randhöhen des Lübecker Beckens. Hinter diesen Stauchmoränen sind die Oberflächenformen ausgeglichener. Hier liegen die Massen von Geschiebemergel, die am Grunde des Eises mitgeschleppt wurden.

Unter den zahlreichen Hohlformen, die gern mit Wasser gefüllt als Seen die Landschaft beleben, finden sich zahlreiche „Toteis"-Löcher oder „Sölle", vom Eis ausgehobelte oder vom Schmelzwasser ausgewaschene Vertiefungen, in denen Reste des Eiskörpers noch Jahrhunderte liegenblieben und erst nach dem Abtauen zu Seen wurden. In Reihen angeordnet verraten sie gelegentlich den Verlauf der Schmelzwasserströme unter dem Eis in sogenannten Tunneltälern. Auch vom Eis ausgehobelte langgestreckte Rinnen gehören zur Jungmoränen-Landschaft, die teils als zur Ostsee offene Förden, teils als Ketten von Seen in Erscheinung treten.

Die durchweg sehr fruchtbaren Böden – sie gehören zu den besten in Deutschland – sind sicher eine der Ursachen, daß das östliche Hügelland zu einem Gebiet mit ausgedehnten Grundherrschaften wurde. Davon zeugen nicht nur die für diese Landschaft typischen Güter, sondern auch deren mittelalterliche Vorgänger, die Motten, als Burgen der örtlichen Herren (S. 128 bis 142). Bereits während der Slawenzeit scheint sich eine derartige Entwicklung abzuzeichnen, vor allem in der Zeit bald nach der Einwanderung, als zahlreiche Ringwälle die Zentren der vorerst noch kleinen Herrschaftsbereiche waren.

Diese Burgen nutzten eine Besonderheit des östlichen Hügellandes aus, die gerade hier des öfteren vorgegeben war: die Schutzlage auf kleinen Moränenhöhen, die ganz oder teilweise von feuchten Niederungen oder womöglich von Gewässern umgeben sind. Ganz besonders ausgeprägt ist diese Schutzlage bei der „Olsborg" im Großen Plöner See (S. 102). Auf einer Halbinsel im Süseler See befand sich die „Süseler Schanze". Von ihr ist nur das steil abgeböschte natürliche Plateau von etwa 10 m Höhe übriggeblieben, auf dessen Rand der im vorigen Jahrhundert abgetragene Ringwall die Burg noch imposanter erscheinen ließ. Auch der Vorwall, der die Halbinsel landwärts zusätzlich abschirmte, wurde zu Beginn der sechziger Jahre zwecks Aufhöhung des Wiesengeländes einplaniert.

Wie über manche der slawischen Burgen ist auch über die Süseler Schanze Bemerkenswertes überliefert. Ursprünglich war sie der Mittelpunkt des pagus (des Gaus) Süsel. Später, in der Mitte des 12. Jahrhunderts, wurde sie von Friesen besetzt. Diese waren als Kolonisten ins Land geholt worden. Aber wenige Jahre danach, 1147, wurden sie von dem Abodritenfürsten Niklot überfallen. Sie verteidigten sich gegen die große Übermacht von 3000 Slawen. Helmold von Bosau schildert die heldenhafte und letztlich erfolgreiche Verteidigung der von ihrem Priester Gerlav angeführten Friesen in allen Details.

Zu den früh- bis mittelslawischen Burgen gehören auch der Fresenburger „Wallberg" bei Bad Oldesloe (S. 104), der „Oldenburger Wallberg" bei Neuhorst im Lauenburgischen (S. 112 bis 113) sowie der „Pöppendorfer Ring" (S. 110) zwischen Lübeck und Travemünde. Dieser steile, buschbewachsene Ringwall hat noch immer die stattliche Höhe von 8 bis 12 m, während die Innenböschung zwischen 3 und 6 m schwankt. Dieser Höhenunterschied ergibt sich teils aus der Höhenlage des Geestkerns im Burginneren, teils aus der Abgrabung außen, um Material für den Wall zu gewinnen, und zum geringeren Anteil auch aus einer im Innenraum entstandenen „Kulturschicht".

Auch der Pöppendorfer Ring scheint, als er nicht mehr Gaumittelpunkt war, gelegentlich noch benutzt worden zu sein. Jedenfalls berichtet die Sagenüberlieferung, daß Seeräuber dort ihr Unwesen getrieben und Beute geteilt hätten. Später, 1138, sollen Lübecker Priester die Kirchenschätze in der Burg vergraben haben, um sie vor dem Rugianerfürsten Ratze in Sicherheit zu bringen. Um die – bis heute nicht gelungene – Wiederauffindung des Schatzes ranken sich eine Reihe merkwürdiger Geschichten.

Unter den Slawenburgen hat Oldenburg in Wagrien eine besondere historische Bedeutung. Sie war nicht nur Seehandelsplatz am damals noch offenen Oldenburger Graben, durch den die Burg zugleich einen wirksamen Schutz hatte. Sie wurde auch zum Hauptort des Stammes der Wagrier. Unter deren Fürsten spielte der christliche Nakonide Gottschalk eine herausragende Rolle. Er hatte 1043 die Herrschaft von seinem heidnischen Vorgänger Ratibor übernommen. Dann gelang es ihm, sich zum Gesamtherrscher über den abodritischen Stammesverband aufzuschwingen. Nach dem Aufstand der Slawen gegen die christliche Herrschaft 1066 übernahm der heidnische Wagrierfürst Kruto, dessen Stammsitz auch Oldenburg war, Gottschalks Rolle und herrschte bis 1093. Dann gelang es Gottschalks Sohn Heinrich, mit Hilfe einer von Dänen und Slawen zusammengesammelten Flotte Kruto zu schlagen, wobei dieser getötet wurde. Heinrich verlegte dann, wohl aus strategischen Gründen, seinen Hauptsitz nach Alt-Lübeck.

Von den drei bedeutungsvollsten frühmittelalterlichen Befestigungen in Schleswig-Holstein – sie liegen alle im östlichen Hügelland im Bereich der Ostseeküste – ist neben Haithabu und Oldenburg Alt-Lübeck die unscheinbarste. Im Travetal unterhalb des heutigen Lübeck liegt auf der grasbewachsenen Halbinsel zwischen der Trave und der in sie einmündenden Schwartau (eine Situation, die durch den Travedurchstich seit 1882 erheblich verändert wurde) der stark abgeflachte Ringwall mit gut 100 m Durchmesser (S. 114 bis 115). Auf dem Luftbild ist er nur schwach zu erkennen. Hier wurde eine Burg, die schon seit 817 bestand, zur Residenz Heinrichs als „rex sclavorum“ unter dem Namen „Liubice“, oder „Lubica“ ausgebaut.

Alt-Lübeck war eine Stadt mit allem, was dazugehört: der befestigten Residenz mit der zugehörigen Truppe, einem Handwerkerviertel außerhalb des Ringwalls und einem Viertel der Fernhandels-Kaufleute am gegenüberliegenden Traveufer, das dem Travedurchstich von 1882 zum Opfer gefallen sein dürfte. Wahrscheinlich wurden in der Stadt auch Münzen geprägt. Die erste und für längere Zeit einzige Kirche inmitten des Ringwalls wurde in der Zeit Heinrichs erbaut. Ihre Spuren konnten unter dem noch heute sichtbaren Steinpflaster eines Nachfolgerbaus (S. 114) kürzlich ausgegraben werden. Es handelte sich um einen Holzbau, vermutlich eine Stabkirche.

Unter Heinrichs Nachfolgern ging die Bedeutung von Alt-Lübeck zurück, bis die Burg 1138 zerstört und die Slawenherrschaft gebrochen wurde. Damit war der Weg frei für die deutsche Kolonisation in Ostholstein. Kurz darauf, im Jahre 1143, gründete Graf Adolf II. von Schauenburg ein kurzes Stück flußaufwärts auf dem Höhenrücken zwischen der Trave und der Wakenitz die heutige Stadt Lübeck, die dann zum reichen und mächtigen Hauptort der Hanse aufsteigen sollte.

Die Spuren des Herrschaftssystems der deutschen Kolonisation und der folgenden Jahrhunderte sind in Form zahlreicher Turmhügel, „Motten“, erhaltengeblieben. Auch diese Ritterburgen nutzten die Schutzmöglichkeiten, die ihnen die bewegte Landschaft des östlichen Hügellandes mit den zahlreichen feuchten Niederungen bot. Vielfach führen die Burggräben heute noch Wasser (S. 132, 135).

Die von der Landschaftsgestalt angebotene Schutzlage hat sicher auch eine Rolle gespielt, wenn sich bedeutende Handelsorte mit freiem, aber zugleich geschütztem Zugang zur See im östlichen Hügelland schon seit frühgeschichtlicher Zeit entwickeln konnten, wie Haithabu, Oldenburg oder (Alt-) Lübeck. Sie alle liegen, ebenso wie spätere Gründungen wie Flensburg oder Kiel am inneren Ende von Förden oder ein Stück flußaufwärts, was ihnen gute Schutzmöglichkeiten gegen Angriffe von See her gab. Vergleichbare Entwicklungen gibt es an der Westküste naturgemäß nicht. Die Häfen dort sind jüngere herrschaftliche Gründungen.

Das Ahrensburger Tunneltal ist durch einen seiner Anwohner berühmt geworden, den nun schon legendären ehemaligen Elektroingenieur und späteren erfolgreichen Archäologen Alfred Rust. Sozusagen vor seiner Haustür in Ahrensburg, im Tunneltal, entdeckte er viele Lagerplätze der späteiszeitlichen Rentierjäger. Dabei gelang es ihm unter anderem sogar, zum erstenmal in der Geschichte der Archäologie die Reste der vergänglichen Behausungen nachzuweisen: die Spuren von Zelten aus Rentierfellen.

Wenn diese nicht mehr im Gelände sichtbaren Spuren dennoch in diesem Buch enthalten sind, so deswegen, weil sie in der schleswig-holsteinischen Archäologie eine herausragende Rolle spielen, vor allem als Zeugen der ältesten menschlichen Behausungen hierzulande. Und das hängt wesentlich mit den besonderen Untergrundverhältnissen im Ahrensburger Tunneltal zusammen.

Wohl jeder, der zum erstenmal hierher kommt, wird zunächst enttäuscht sein von dem „Tunneltal". Es sieht nämlich auf den ersten Blick aus wie jedes andere von einem Bach durchflossene Wiesental auch. Von einem Tunnel oder etwa nur von einem besonders tiefen und engen Taleinschnitt kann keine Rede sein. Die Bezeichnung als Tunneltal hängt auch gar nicht mit dem heutigen Zustand zusammen, sondern sagt etwas über die Entstehung des Tals in der letzten Kaltzeitphase des Eiszeitalters aus. Damals gab es hier in der Tat einen Tunnel: unter dem Eis.

Das Inlandeis hatte sich von Nordosten her bis etwa nach Meiendorf und Rahlstedt vorgeschoben. Dabei taute es je nach Jahreszeit und Sonneneinstrahlung unterschiedlich an der Oberfläche ab. – Wenn die Vorwärtsbewegung der Eismasse und das Abschmelzen sich die Waage hielten, blieb die Eisfront mehr oder weniger lange stationär. – Das in Richtung Eisrand abfließende Schmelzwasser – und auch das Regenwasser – fiel in Spalten und Löchern in den Eiskörper hinein und gelangte schließlich bis an dessen Untergrund. Dort floß es, gespeist aus vielen Gletscherbächen, in einem vom Wasser selbst ausgewaschenen Tunnel ab, bis es am Gletschertor ins Freie gelangte.

Nun sind die Bedingungen in so einem Eistunnel von denen im Freien recht verschieden. Vor allem steht das fließende Wasser dort, zumindest zeitweilig, unter hohem Druck. Das hat zur Folge, daß es nicht unbedingt auf ein gleichmäßiges Gefälle seines Flußbetts angewiesen ist und große Mengen des Untergrundmaterials, auch größere Steine, mit sich reißt und so ein Tal von wechselnder Tiefe unter dem Eis erodiert. Da der Fluß unter dem Eis nicht immer an der gleichen Stelle fließt, sondern nach Einengung durch Bewegung des Eises oder Zufrieren im Winter gezwungen wird, seitlich auszuweichen, entsteht im Laufe der Zeit ein immer breiteres Tal.

Durch das wechselweise bergab und bergauf fließende Wasser entstanden Eintiefungen im Untergrund, die, wenn der Fluß sich einen anderen Lauf suchte, vom Eis ausgefüllt wurden. Dieser Vorgang hat sich für die Archäologie als bedeutsam erwiesen.

Beim Abschmelzen des Eises am Ende der Kaltzeit blieb in diesen Senken oft ein Eisrest liegen. Da es nicht mehr an der Bewegung des Gletschers teilnahm, sprechen wir von Toteis. Weil dies Toteis alsbald von Gletscherschutt überdeckt wurde, war es nicht nur in der Landschaft unsichtbar, sondern wurde auch nach dem Schmelzen des Gletschers vor der Sonneneinstrahlung geschützt und taute daher nur sehr langsam im Laufe vieler Jahrhunderte ab. Dabei senkte sich die Oberfläche, und es entstanden Tümpel, die immer tiefer wurden, während sich auf ihrem Grund Sand, Gyttja und später Torf ablagerten.

An den Ufern dieser Tümpel schlugen die Rentierjäger im Sommer ihre Rastlager auf. Die Tümpel dienten dabei nicht nur der Abfallbeseitigung, sondern offenbar auch zur Niederlegung von Opfern, wie einige vollständige, mit Steinen beschwerte Skelette von Rentieren verdeutlichen. Alfred Rust war der erste, der darauf kam, diese inzwischen längst zugetorften und oberflächlich nicht mehr sichtbaren Teiche zu suchen und auszugraben. Dabei kamen große Mengen von ganz neuartigen Funden zutage, die ohne die permanente Einlagerung im Wasser, unter Luftabschluß also, nicht erhaltengeblieben wären, Gegenstände und Mahlzeitreste aus organischem Material, vor allem aus Rengeweih und Knochen. Dadurch wurde es möglich,

ein sehr detailliertes (wenn auch keineswegs vollständiges) Bild vom Leben der auf die Rentierjagd spezialisierten Menschengruppen am Ende der letzten Kaltzeit, bzw. aus der Schlußphase der Altsteinzeit von etwa 11000 bis 8000 v. Chr. Geb. zu zeichnen.

Da während dieser Zeit das Toteis unter den Tümpeln immer noch nicht völlig weggetaut war, senkte sich der Teichgrund mit der Fundschicht noch weiter, und es bildete sich eine neue natürliche Bodenschichtung über der Schicht mit den Funden. Wieder hatten Rentierjäger ihre sommerlichen Stationen am Seeufer, und wieder entstand eine, von der älteren getrennte „Kulturschicht" am Grunde der Teiche. Dadurch wurde es möglich, die späteiszeitlichen Kulturen zeitlich und in ihrem kulturellen Erscheinungsbild zu differenzieren. Seither kennen wir eine ältere „Hamburger Kultur" und eine jüngere „Ahrensburger Kultur".

Großsteingräber sind nur selten vollständig erhalten. In den meisten Fällen treffen wir sie als Ruinen an. Die leicht zugänglichen großen Findlinge waren in vergangenen Jahrhunderten ein begehrtes Baumaterial für Legsteine unter Bauernhäusern, Hofmauern und vieles mehr. Sie wurden sogar in steinarme Länder, z. B. nach Holland verkauft. Auch manches Kriegerdenkmal dürfte ursprünglich Teil eines Steingrabes gewesen sein.

So sind viele von ihnen völlig verschwunden. Bei Ausgrabungen lassen sich aber ihre Spuren nachweisen: Kopfsteinpflaster oder Flintschüttungen, die den Boden der Kammer bedeckten, oder die Ausbruchgruben der Wandsteine und die Verkeilsteine darin, welche die Standsicherheit der großen Findlinge sichern sollten.

In der Landschaft mag ein einzeln sichtbarer Findling der Deckstein eines Steingrabes sein, wie bei Rothensande (oben links). Selbst ein intakt erscheinendes Grab wie der Dolmen von Loose bei Eckernförde (oben rechts) ist in Wahrheit eine Ruine. Ursprünglich waren Steingräber ganz oder zumindest bis zum Deckstein von einem Hügel überdeckt wie bei Sankelmark (unten links). Wenn es sich dabei um ein Ganggrab handelt, mag es sogar sein, daß der Eingang zur Kammer noch (oder wieder) sichtbar oder gar begehbar ist wie bei der „Idstedter Räuberhöhle" nördlich von Schleswig (unten rechts).

Um das ursprüngliche Aussehen eines Steingrabes vor Augen zu führen, wurde hier und dort versucht, den früheren Zustand zu rekonstruieren, z. B. bei dem Langbett von Karlsminde (folgende Doppelseite). Der dammähnliche Langhügel, welcher die Kammer(n) überdeckt, wird von hohen Findlingen und Zwickelmauerwerk gestützt.

Wiederhergestelltes Langbett bei Karlsminde in Schwansen

Der Dolmen von Goosefeld bei Eckernförde. Hier wird die landschaftsbeherrschende Lage vieler Stein- und Hügelgräber beispielhaft deutlich.

Grabkammer in Form eines Dolmen mit nur einem Deckstein im Langbett von Flehm an der Hohwachter Bucht

Dolmen an der kleinen Moorbrücke bei Loose in Schwansen

Steingrab bei Birkenmoor

Findlinge am Abhang zum Meer. Sie gehören zu zwei Langbetten, die auf rutschendem Untergrund über dem Steilufer der Ostsee zerstört wurden.

Eine Gruppe von Langbetten, 30 - 120 m lang, liegt am Meer bei Putlos in Wagrien. Besonders hoch aufragende Findlinge, meist am Ende eines Langbetts, werden gern als Wächtersteine bezeichnet.

Teil einer großen bronzezeitlichen Nekropole im Schöneberger Forst im Lauenburgischen mit etwa 30 Grabhügeln. – Grabhügel liegen oft mehr oder weniger eng in Gruppen beieinander, manchmal zusammen mit steinzeitlichen Megalithgräbern. Man darf sie als Grabbezirke örtlich prominenter Familien deuten, die über viele Generationen in der Nähe lebten.

Bronzezeitliche Grabhügelgruppe bei Giekau am Selenter See

Am Wardersee (oben)
Adlersberg bei Flehm in Ostholstein

Dänischer Wohld
Bei Lütjenburg
Adlersberg bei Flehm in Ostholstein

Hohwachter Bucht
Am Wardersee
Grabau bei Bad Oldesloe

Brautberg bei Bordesholm
Im Dänischen Wohld
Am Wardersee

Grabhügel bei Grabau

Grabhügel am Wardersee

Die uralte Nord-Süd-Verbindung durch die ganze cimbrische Halbinsel, der „Ochsenweg", ist an manchen Stellen, wie hier bei Kropp südlich Schleswig noch gut erhalten. Auf sein hohes Alter weisen bronzezeitliche Grabhügel hin, die sich neben diesem Heerweg aufgereiht finden, wie die Gruppe „Twebargen".

Der „Ochsenweg" bei Kropp

Schlackenhaufen bei Süderschmedeby

Schlackenhaufen wie dieser bei Süderschmedeby südlich Flensburg an der oberen Treene sind Spuren eines Platzes, an dem früher Eisen gewonnen wurde. Die Rennfeueröfen, in denen das Raseneisenerz verhüttet wurde, erhielten den erforderlichen Wind zum Erreichen der nötigen Schmelztemperatur aus dem Tal der Treene. Daher liegt der Verhüttungsplatz auf einem in das Tal vorspringenden Geländesporn.

Das kleine, heute mit Wasser gefüllte Thorsberger Moor in Süderbrarup in Angeln diente seit dem ersten vorchristlichen Jahrhundert bis etwa 400 n. Chr. Geb. als Opferstätte, in der hunderte von Gegenständen niedergelegt wurden, zunächst solche aus dem täglichen Leben wie Ton- und Holzgefäße und Teile von Wagen, später dann prächtige Schmucksachen, Waffen und Reiterausrüstungen, darunter bemerkenswert viele Einfuhrgüter aus dem römischen Reich, die sicher als besonders wertvoll galten, unter anderem Helme und silberne Gesichtsmasken. Sie mögen durch Handel oder als Kriegsbeute hierher gekommen sein. Die Waffen und Schmuckstücke sind vor der Opferung oft absichtlich zerschlagen worden.

In der „Roten Maaß", einem kleinen Waldstück unweit des modernen Ferienzentrums Damp in Schwansen, wurden außer dem (wieder aufgerichteten) Steinkreis auch andere, aus kleineren Findlingen gesetzte Figuren, unterschiedliche Vierecke, ausgegraben. Da nachträglich Urnenbestattungen vorgenommen wurden (Männer innerhalb, Frauen außerhalb des Steinkreises) dürfte die Anlage ein Ort von ritueller Bedeutung gewesen sein.

Der „Limes Saxoniae" bezeichnet die Ostgrenze der nordelbischen Sachsen zu den Slawen. Sein Verlauf wurde von Adam von Bremen 1075/76 beschrieben: Er verlief von der Kieler Bucht, der Schwentine nach Süden folgend über die Gegend von Bad Segeberg und Bad Oldesloe bis an die Elbe bei Lauenburg. Wahrscheinlich ist diese Grenze aber um einiges älter, denn Adam beruft sich auf Karl und die übrigen Kaiser als Veranlasser. Auch werden anläßlich eines Feldzuges der Franken gegen den abtrünnigen Abodritenkönig Slaomir im Jahre 818 die fränkischen Truppenführer als Legaten „limitis Saxoniae" bezeichnet, deren Aufgabe anscheinend die Sicherung dieser Grenzmark des Frankenreiches war. Wir müssen uns diesen Limes nicht als Grenzlinie im modernen Sinne, sondern als einen breiten Geländestreifen ungenutzten Ödlands, vielfach beiderseits kleinerer Flußläufe vorstellen, der von natürlichem „Urwald" oder von renaturiertem Wald bedeckt war.

Am Mühlenbach bei Lauenburg im „Urwald" gewinnt man eine Vorstellung vom Charakter des „Limes Saxoniae"

Für ihre Burgen bevorzugten die Slawen Plätze im Gelände, an denen sie schon durch die Umgebung geschützt waren. Gern nutzte man flache Geestrücken, die von feuchten Niederungen oder Gewässern mindestens teilweise umgeben waren. Die „Olsburg" liegt sogar auf einer Insel im Plöner See, 170 m vom Festland entfernt und war, wie der Slawenchronist Helmold von Bosau im 12. Jahrhundert berichtet, nur über eine Brücke erreichbar (im Bild oben links). Schon ein Jahrhundert früher erwähnt Adam von Bremen die im See gelegene „civitas Plunie", deren Name also auf die spätere Burg und Stadt übertragen wurde.

Der Limes Saxoniae bei Bad Oldesloe: vermoorter Grenzsaum im Travetal

Die Burgen der Slawen wurden als Holzhauskonstruktionen errichtet, die mit Erde gefüllt wurden. Entweder setzte man große Kästen in Blockbauweise aneinander, oder man verlegte kreuzweise geschichtete Baumstämme. Durch die Erdfüllung entstand ein sehr stabiles und wehrhaftes Bauwerk. Der „Wallberg“ von Sirksfelde im Lauenburgischen, im Verlauf des Limes Saxoniae gelegen, dürfte dem Schutz dieser Grenze gedient haben.

Die „Süseler Schanze", der plateauartige Rest einer slawischen Burg auf einer Halbinsel im Süseler See. Der Wall wurde größtenteils im 19. Jahrhundert abgetragen.

Oldenburg (slawisch „Starigard"): Der Name der Burg, Mittelpunkt der slawischen Wagrier, hat sich auf die Kreisstadt übertragen, an deren Rand sich die immer noch imposante Wallanlage erhebt. Aus der Burg heraus, die zeitweilig Sitz eines Missionsbischofs und damit kirchlicher Mittelpunkt war, fällt der Blick – beziehungsreich – zuerst auf die Kirche der heutigen Stadt.

Ringwall der Oldenburg

Slawenburgen:
Die „Hammerburg“ bei Panten, später vielleicht Station an der Salzstraße und somit Vorgänger von Mölln, und der „Pöppendorfer Ring“ bei Lübeck (unten).

Durch Beackerung stark abgeflachter Ringwall „Hochborre" bei Hohwacht an der Ostsee

Der „Oldenburger Wall" bei Neuhorst im Lauenburgischen, ein Hauptort der slawischen Polaben

Blick durch eine Eintiefung der Wallkrone, wo das ehemalige Burgtor lag, in das Innere des Ringwalls.

Der Ringwall von Alt-Lübeck in einer Traveschleife, der slawische Vorgänger der Hansestadt. Darin das Steinfundament einer Kirche.

Ringwall von Alt-Lübeck

Das Danewerk, ein System von Verteidigungswällen an der Grenze des dänischen Königreiches, entwickelte und veränderte sich im Laufe der Jahrhunderte. Es verläuft über die engste Stelle der cimbrischen Halbinsel, die Schleswiger Landenge, von Hollingstedt an der Rheider Au im Westen bis nach Haithabu im Osten. Der Hauptwall hatte einen Durchlaß für den nordsüdlich verlaufenden Heerweg, in Schleswig-Holstein meist Ochsenweg genannt. Ein Verbindungswall bis zum Halbkreiswall von Haithabu wurde anscheinend später angefügt. Ein Stück weiter südlich ist das Wall-Graben-System des „Kograben" erhalten, der mit 7 km Länge vom Selker Noor südlich Haithabu bis zur Niederung der Rheider Au bei Jagel eine Landsperre bildet. Vermutlich wurde er 808 von König Göttrik gegen die Franken Karls des Großen angelegt. – Noch im Deutsch-Dänischen Krieg 1864 wurde hier gekämpft.

Wall und Graben des Hauptwalls
Die Waldemarsmauer, ältester Ziegelbau des Nordens

Im Ausgrabungsbefund werden mehrere Bauphasen der Befestigung sichtbar: oben ein überbauter Graben, unten zwei unterschiedliche Mauern.

Hauptwall des Danewerks

Der Halbkreiswall von Haithabu am Haddebyer Noor. Unten Anschluß des Verbindungswalls zum Danewerk. Links oben das einer Gruppe von Wikingerhäusern nachempfundene Haithabu-Museum

Die Ertheneburg, ein Halbkreiswall am Geestrand bei Grünhof-Tesperhude gelegen, schützte einen wichtigen Elbübergang, über den auch die alte Salzstraße von Lüneburg nach Lübeck führte. Neben der Burg führen zwei tief in den Steilhang des Elbtales eingeschnittene Erosionsrinnen, die als Hohlwege bis in die Gegenwart benutzt werden, zum Fluß hinunter. Vermutlich in spätsächsischer Zeit angelegt, spielte die Burg noch im 11. und 12. Jahrhundert als Grafensitz eine Rolle. Heinrich der Löwe nahm hier mehrfach Aufenthalt, bis er 1181 eine neue Burg in Lauenburg begründete, die fortan die Rolle der Ertheneburg übernahm.

Die Elbefurt bei der Ertheneburg

„Via regia", die alte Salzstraße bei Mölln

Restauriertes und überwachsenes Teilstück der Salzstraße sowie ein Brunnen für die Tränke

Die „Via regia", der Königs- oder Heerweg, kam aus dem fränkischen Reich und kreuzte zwischen Artlenburg und der Ertheneburg die Elbe. Von hier aus führte ein Zweig parallel zum Fluß nach Hamburg, ein anderer über Lütau und Mölln nach Ratzeburg, dem zeitweiligen Hauptort der slawischen Polaben, und von hier aus weiter nach Alt-Lübeck, später zur Hansestadt Lübeck. Wenn dieser Verkehrsweg vor allem unter dem Namen „Alte Salzstraße" bekannt ist, so hängt dies mit den umfangreichen Salztransporten zusammen, die von Lüneburg, das vor allem durch das dort gewonnene und weithin verhandelte Salz reich geworden ist, nach Lübeck gingen. Salz ist zu allen Zeiten lebenswichtig gewesen. Große Mengen wurden in alter Zeit vor allem auch in der Fischerei gebraucht, um den Fang zu konservieren und die lnge Reise von den Fanggründen im hohen Norden bis Mitteleuropa zu ermöglichen. Wegen des Fastengebotes kam der Fisch im Mittelalter als Nahrungsmittel eine besondere Bedeutung zu. Wichtiger Ausgangshafen für die Versorgung der Fischerei mit Salz und auch Umschlagplatz für gepökelten Fisch, der auf der Salzstraße in das Binnenland verhandelt wurde, war natürlich Lübeck, dessen Reichtum nicht zuletzt auf dem Salz beruhte.

Der Stecknitz-Kanal, Vorläufer des Elbe-Trave-Kanals, ist die älteste künstliche Wasserstraße in Nordeuropa. Er wurde 1390 - 98 gemeinsam von der Hansestadt Lübeck mit den Lauenburger Herzögen erbaut, indem die Stecknitz im Norden mit der Delvenau im Süden durch einen Graben verbunden wurde. Um dem Wassermangel entgegenzuwirken, mußten in der Stecknitz 5 und in der Delvenau 7 Stauschleusen und eine Kastenschleuse eingebaut werden. So konnten Frachten die Delvenau aufwärts durch den Kanal und die Stecknitz abwärts bis nach Lübeck transportiert werden. Eines der wichtigsten Transportgüter war natürlich Lüneburger Salz. – Schon vor dem Bau des Kanals wurden Güter auf der Stecknitz befördert, wie aus dem sogenannten Barbarossa-Privileg von 1188 hervorgeht. Danach stand den Lübeckern die Schiffahrt auf diesem Fluß bis zum Möllner See offen. Bis in das 16. Jahrhundert hinein war der Elbe-Lübeck-Wasserweg für den hansischen Handel, vor allem den Salztransport, sehr bedeutsam. Danach reichte er nicht mehr aus, und der Verkehr ging zurück. Nur ein völlig neuer Kanal konnte hier Abhilfe schaffen. Dieser wurde im Jahre 1900 dem Verkehr übergeben.

Turmhügel, im Fachjargon „Motten“ genannt, sind alles, was von den mittelalterlichen Ritterburgen hierzulande übrig blieb. Auf dem künstlichen, grabengeschützten Hügel stand ein Turm, meistens aus Holz. Darin wohnte der Burgherr. Von einer zugehörigen Vorburg, die den Wirtschaftshof umschloß, ist nur in seltenen Fällen im Gelände noch etwas zu erkennen. Besonders im östlichen Hügelland, wo sich in der Neuzeit die zahlreichen großen Landgüter finden, sind auch die Turmhügel zahlreich. Diese Burgen sind in vielen Fällen die Vorgänger der späteren Güter.

Turmhügel mit Wassergraben in der Niederung bei Linau im Lauenburgischen im Wechsel der Jahreszeiten

Turmhügel „Großer Schlichtenberg" an der Hohwachter Bucht

Turmhügel einer ehemaligen Ritter'sburg im Kossautal bei Lütjenburg

Landesherrliche Burg Alt-Gottorp
„Cäcilieninsel" im Koberger Forst bei Schönberg
Plateaumotte „Nienslag" bei Schönweide

Kegelmotte bei Stöfs an der Hohwachter Bucht
Motte bei Pölitz mit Wassergraben
Steine vom Turm des „Schloßbergs" bei Linau

Flachmotte Guttau bei Grömitz
Flachmotte bei Strenglin
Kegelstumpfmotte bei Lütjenburg

Einer von drei Turmhügeln bei Linau
Borstorfer Doppelmotte
Motte mit Vorburg bei Linau-Busch

Flachmotte bei Strenglin an der Alten Trave

Die „Cäcilieninsel", eine Motte im Koberger Forst bei Schönberg

Doppelmotte bei Borstorf im Lauenburgischen

Reste des Steinturms der Raubritterburg „Linowe“ in Linau bei Trittau

Turmhügel mit Vorburg (Wirtschaftshof) von Alt-Wensien am Wardersee, Vorläufer des heutigen Gutes Wensien

Wahlstorf (Bild unten), der älteste Gutshof in Schleswig-Holstein. Hier setzt sich die alte Aufteilung einer Burg in den Herrensitz und einen davor liegenden Wirtschaftshof in die Neuzeit hinein fort.

Dank sagen möchte ich Herrn Prof. Dr. Joachim Reichstein, Direktor des Landesamtes für Vor- und Frühgeschichte von Schleswig-Holstein, der mir für diese Buchkonzeption wichtige ergänzende Informationen gegeben hat und mich als sachkundiger Führer auf einigen Reisen durchs Land begleitet hat. Danken möchte ich auch dem Kultusministerium des Landes Schleswig-Holstein für ein Arbeitsstipendium, das mir half, dieses Langzeitprojekt und die arbeitsaufwendigen Lichtzeichnungen der Geschichtsspuren zu verwirklichen.

Michael Engler